D. Hinze

Die Behördenorganisation und die allgemeine Staatsverwaltung Preussens im 18. Jahrhundert

D. Hinze

Die Behördenorganisation und die allgemeine Staatsverwaltung Preussens im 18. Jahrhundert

ISBN/EAN: 9783742895813

Hergestellt in Europa, USA, Kanada, Australien, Japan

Cover: Foto ©ninafisch / pixelio.de

Manufactured and distributed by brebook publishing software
(www.brebook.com)

D. Hinze

Die Behördenorganisation und die allgemeine Staatsverwaltung Preussens im 18. Jahrhundert

Gefl…

Citatensch… Volks.

…Sprüch'!
…. So wie es euch gefällt.
Akt II, Sc. 7.

Fünfte umgearbeitete und vermehrte Auflage.

Berlin, 1868.

Haude- und Spener'sche Buchhandlung.
(F. Weidling.)
Bernburger Straße Nr. 30.

Inhalt.

Einleitung.

Das vorliegende Buch findet die Berechtigung zu seinem Dasein darin, daß es aus einem bisher kaum befahrenen Schacht der deutschen Geistesart, soweit diese in der Sprache ihren Ausdruck findet, einen unbeachtet gebliebenen Schatz zu Tage zu fördern sich bemüht. Die allgemeinen Verständigungsmittel der Menschen sind nicht nur die in ihrer Form fertigen, Jedem zu Gebote stehenden einzelnen Wörter; es haben sich daneben auch im Laufe der Zeit stehende, fertige Formen von Wortzusammenstellungen und Gedanken entwickelt, für welche eine allgemeine Bezeichnung nicht vorhanden ist, und welche je nach ihrer Natur Redensarten, sprichwörtliche Redensarten, Sprüche, Sprichwörter u. s. w. genannt werden.

Läßt sich von den meisten dieser Gedankenformen weder die Zeit, in welcher, noch die Umstände, unter welchen sie entstanden sind, angeben, so giebt es doch eine Gruppe derselben, die sich auf einen bestimmten literarischen oder historischen Ausgangspunkt zurückführen lassen. Diese sind in dem folgenden Büchlein unter dem Titel: „Geflügelte Worte“ gesammelt und mit den Attesten ihres oft überraschend versteckten Ursprungs versehen worden. Mag der Name „geflügelte Worte“ nun richtig gewählt sein oder nicht, er ist jetzt bereits in dem Munde des Publikums, und es werden mit ihm allgemein und allerorten jene stehenden Redensarten und Schlagwörter bezeichnet, welche bestimmt nachweisbaren Ur=

sprungs sind und, obwohl Einfälle Anderer, dazu verwendet werden, bei passender Gelegenheit als unsere Einfälle zu gelten. Der Name deckt daher jetzt die bezeichnete Sache. Auch konnten weder Verleger noch Autor ein Buch, das 1864 zum ersten Male an's Licht trat und heute bereits zum fünften Male aufgelegt wird, unter einem andern als dem gewohnten Namen, gewissermaßen in einer Vermummung dem Publikum vorführen.

So viel über den Gedanken und den Namen des Buchs. Der Ausführung des Gedankens treten namentlich zwei Schwierigkeiten in den Weg; die Schwierigkeit der Abgrenzung des geflügelten Worts gegen das Sprichwort und die andere, festzustellen, ob ein Wort allgemein genug ist, um den Rang eines geflügelten Wortes beanspruchen zu dürfen. Was die erstere anbetrifft, so entsteht oft die Frage, ob ein Schriftsteller ein schon vorher umlaufendes Wort für seine Zwecke angewendet hat oder ob er selbst der Schöpfer seines Worts ist. Denn auch die Sprichwörter fallen nicht wie Manna vom Himmel; jedes derselben hat seinen speziellen Autor, seinen ersten Erfinder; viele derselben sind ohne Zweifel Sprüche aus verloren gegangenen oder noch nicht wieder aufgefundenen Schriftstellern. Selten nur ist man so glücklich, von dem Schriftsteller selbst zu erfahren, ob ein Wort, das er anwendet, auf seiner eigenen Mühle gemahlen oder fremde Waare ist. Dr. Martin Luther sagt es uns ausdrücklich, daß seine Uebersetzung des Urtextes in Matthäi 12, 34 keine wörtliche ist, sondern daß er den Sinn desselben durch einen guten alten deutschen Spruch verdollmetscht hat. Lessing hatte dagegen keine Gelegenheit uns mitzutheilen, ob „die Kunst geht nach Brod“ von ihm selbst herrührt oder von einem Vorgänger. In zweifelhaften Fällen wird hier dem Sammler als Regel gelten dürfen, die erste schriftstellerische Quelle getrost anzumerken und es dann der spätern Forschung zu überweisen, ob das Wort schon in früheren Tagen im Volke verbreitet gewesen ist.

Die zweite Schwierigkeit, die Beantwortung der Frage, ob ein Ausspruch so allgemein geworden ist, daß er ein geflügeltes Wort genannt zu werden verdient, wird sich nur durch aufmerksame Beobachtung und allseitige Umfrage lösen lassen. Von vornherein muß sich ein Jeder dabei vor dem Irrtum hüten, als ob ihm und seinen speziellen Kreisen geläufige Worte deswegen allein schon geflügelte Worte seien, und als ob ein ihm nicht geläufiges, vielleicht selbst gar nicht bekanntes Wort deswegen allein schon aus der Reihe der geflügelten Worte zu streichen sei.

Der Verfasser, dem seit dem Erscheinen dieses Werks aus allen Theilen Deutschlands und selbst aus dem Auslande Vorschläge zu Zusätzen und Vermehrungen zufließen, wird gerade dadurch besser, als irgend Jemand in den Stand gesetzt, über die Allgemeingültigkeit von Worten zu entscheiden, und er hat sich dabei die größte Zurückhaltung zum Grundsatz gemacht, so daß Worte, die bereits für die erste Auflage angemerkt waren, erst jetzt, nachdem sie von verschiedenen Seiten bestätigt worden sind, Aufnahme gefunden haben.

Wenn der Sammler geflügelter Worte mit inniger Freude seinen Vorrath überschaut, weil es ihm immer und immer wieder dabei vor die Seele tritt, wie hoch der durchschnittliche Bildungsgrad seines Volks im Vergleich zu andern Nationen ist, so ist er doch keineswegs in der glücklichen Lage Desjenigen, der es sich zur Aufgabe gestellt hat, die Perlen und Goldkörner, die in reichster Fülle über die deutsche Litteratur zerstreut sind, zusammenzulesen; er hat es im Gegentheil oft genug mit dem Staube der Alltäglichkeit zu thun. Zieht Jenen vielleicht gerade das Ungewöhnliche, das Seltene an, so ist er verpflichtet, auf das Gewöhnliche und Gebräuchliche sein Augenmerk zu richten, mag er sich auch oft daran erfreuen können, daß das Gebräuchliche zugleich ein tiefer, schön ausgeprägter Gedanke ist. Nicht der gediegene Gehalt nämlich macht Worte zu geflügelten, sondern der fast nur von der Zufälligkeit abhängige Umstand, daß sie zu irgend einer Zeit Eindruck auf einen größeren Kreis, gewöhnlich von Zuhörern, gemacht haben. Die Kanzel, das Theater, das Schulkatheder, die Rednerbühne, der Gesang, die periodische Zeitschrift sind die Vermittler derselben. Daher kommt es, daß die dramatische Litteratur ihrer mehr liefert, als die lyrische oder die epische, und daß aus der lyrischen Poesie fast nur solche fließen, die komponirt worden sind und gesungen werden. Daher kommt es, daß mancher Liebling des Volks und der Musen in dieser Schrift unvertreten bleibt, und daß Meisterstücke der Lyrik, ausgezeichnete Romane, überhaupt Werke, die in den seltenen Stunden stiller Weihe und in einsamer Abgeschlossenheit die Seele erquicken und deren Publikum stets der einzelne Mensch oder höchstens ein traulich geschlossener enger Kreis ist, eine überaus geringe Ausbeute zu den geflügelten Worten geben. Diese entstehen auf dem Markte des Lebens und im Strudel der Oeffentlichkeit.

Sie werden erst durch das Echo, das sie erwecken, zu dem was sie sind. Sie waren vorher schon Worte, die citirt werden konnten, vielleicht sogar Worte, die da hätten citirt werden sollen oder müssen; der günstige Zufall, die günstige Lage entscheidet und gebietet, daß sie fortan citirt werden.

Die wesentlichste Veränderung, die dem Büchlein in dieser seiner neuen Gestalt gegeben worden ist, besteht in dem Wegfall des bisherigen Beiwerks auf dem Gebiete der französischen und englischen Worte; beibehalten sind nur noch diejenigen unter ihnen, die wirklich als Gemeingut der gebildeten deutschen Gesellschaft angesehen werden dürfen.

Auch dies Mal habe ich die liebe Pflicht, geistreichen und belesenen Korrespondenten meinen aufrichtigen Dank für Vorschläge und berichtigende oder erläuternde Zusätze hiermit öffentlich abzustatten; nicht immer habe ich persönlich denselben darzubringen vermocht, oft deswegen nicht, weil viele Mittheilungen mir anonym zugesendet wurden und ich verhindert war, über dieses oder jenes Wort erwünschten näheren Aufschluß zu erbitten. Mit Freuden werde ich auch fernere Beiträge willkommen heißen.

Ueber die Mängel und Lücken, die auch jetzt noch dieser Schrift anhaften, tröste ich mich mit einem Worte unseres Goethe: „So eine Arbeit wird eigentlich nie fertig, man muß sie für fertig erklären, wenn man nach Zeit und Umständen das Mögliche gethan hat.“

G. B.

I.

Citate aus deutschen Schriftstellern.

Ein untrügliches Kennzeichen eines allgemein gewordenen Citats ist die Veränderung seiner ursprünglichen Form. Es ist ganz natürlich, daß die veränderte Form, da man sie ausschließlich in der Sprache des Verkehrs zu hören bekommt, gewöhnlich hartnäckig als die allein richtige vertheidigt wird. Trotzdem heißt es aber nicht:

Dem Glücklichen schlägt keine Stunde,

sondern:

Die Uhr schlägt keinem Glücklichen,

wie man sich aus **Schiller**'s „Piccolomini", Akt 3, Sc. 3, überzeugen kann; es heißt in „Wallenstein's Tod", Akt 3, Sc. 13, nicht:

Du hast's gewollt, Octavio!

sondern:

Du hast's erreicht, Octavio!

Es heißt im Anfange des „Don Carlos" nicht:

Die schönen Tage von Aranjuez sind nun vorüber,

sondern:

Die schönen Tage in Aranjuez
Sind nun zu Ende.

Auch pflegt man gewöhnlich zu sagen:

Der Mohr hat seine Schuldigkeit gethan, der Mohr kann gehen,

während dies Citat aus „Die Verschwörung des Fiesco,"

Akt 3, Sc. 4, erst richtig wird, wenn man „Arbeit" statt: „Schuldigkeit" setzt; man citirt widersinnig aus dem „Taucher:"

Unter Larven die einzig fühlende Brust, [1])

statt „einzige" fühlende Brust. Das viel gebrauchte Wort:

Wo man singt, da laß dich ruhig nieder,
Böse Menschen haben keine Lieder, [2])

ist ebenfalls ein Beispiel der Umwandlung, die der Volksmund sich mit Dichterstellen erlaubt, denn es lautet die erste Strophe des zuerst in der „Zeitung für die elegante Welt" 1804, Nr. 23 erschienenen Gedichtes: „Die Gesänge" von **Seume** also:

Wo man singet, laß dich ruhig nieder,
(Ohne Furcht, was man im Lande glaubt,
Wo man singet, wird kein Mensch beraubt,)
Bösewichter haben keine Lieder.

Das immer und ohne Ausnahme falsch citirte und nur in seiner falschen Form:

Man merkt die Absicht und man wird verstimmt

bekannte Wort lautet an seinem Fundort in **Goethe**'s „Tasso", Akt 2, Sc. 1, ganz anders. Tasso entgegnet daselbst, als die Prinzessin ihn wegen seines Hanges zur Einsamkeit tadelt und ihm vorwirft, daß er der Gräfin Leonore Sanvitale nie habe näher treten wollen:

So liebenswürdig sie erscheinen kann,
Ich weiß nicht wie es ist, konnt' ich nur selten
Mit ihr ganz offen sein, und wenn sie auch
Die Absicht hat, den Freunden wohlzuthun,
So fühlt man Absicht und man ist verstimmt.

Wir fälschen die Form, den Rhythmus und den Sinn

---

[1]) Diese fortlaufenden Nummern weisen auf das Verzeichniß der Travestieen vor dem Register hin.

zugleich, wenn wir die Stelle aus **Goethe**'s Gedicht „Rechenschaft“:

Nur die Lumpe sind bescheiden,
Brave freuen sich der That,

kurzweg also abändern:

Nur der Lump ist bescheiden.

Wir werden im Laufe dieser Schrift noch vielfach Gelegenheit haben, solche Veränderungen ursprünglicher Worte zu beobachten.

Wie man sich aber in der Form irrt, so irrt man sich häufig in der Urheberschaft geflügelter Worte.

Sehr ungroßmütig nimmt man Demjenigen, der ein einziges Scherflein zum Nationalschatz beigesteuert hat, dies Scherflein, um den Citatenreichthum bekannterer Schriftsteller damit zu vermehren. Man behauptet ebenso steif und fest wie unrichtig, daß

Gute Leute, schlechte Musikanten

aus dem „Hamlet“ Shakespeare's stammt, obgleich man aus Heinrich Heine, der in „Ideen. Das Buch le Grand,“ Kap. 13, sagt: „Gute Leute, schlechte Musikanten, so wird im Ponce de Leon das Orchester angeredet,“ wenigstens den Fundort richtig bestimmen könnte, wenn auch Heine selbst nicht genau citirt. Denn in **Brentano**'s Lustspiel „Ponce de Leon“, Akt 5, Sc. 2, sagt der Haushofmeister Valerio zu einem Schulmeister von (nicht zu) einer erwarteten Musikbande:

„Diese schlechten Musikanten und guten Leute also werden sich unter Eurer Aufführung im Walde versammeln.“

Geläufig ist uns das Wort aber erst durch Heine, den Stiefvater desselben, nicht durch Brentano, den Vater desselben, geworden. Das wird schon dadurch bewiesen, daß wir den Brentano'schen Gedanken stets in Heine'scher Form anführen. Auch in der Vorrede zu „Atta Troll“ kommt Heine auf unser Wort zurück.

Ebenso ungroßmütig entzieht man den geistvollen Ausspruch:

Ja, Bauer, das ist ganz was Anders!

um ihn auf Gellert's, Gleim's oder Hagedorn's Rechnung zu setzen, seinem rechtmäßigen Urheber, dem 1761 in Hamburg gestorbenen Professor **Michael Richey.** In seinen von Gottfried Schütze in Hamburg von 1764—1766 herausgegebenen „Deutschen Gedichten" führt das 119te der vierten Abtheilung: „Sinn- und Scherzgedichte" des ersten Bandes, S. 272, den Titel: „Duo quum faciunt idem, non faciunt idem" (Wenn zwei dasselbe thun, thun sie nicht dasselbe) und lautet:

Ein Bauer trat mit dieser Klage
  Vor Junker Alexander hin:
Vernehmt doch, wie ich heut am Tage
  So übel angekommen bin;
Mein Hund hat eure Kuh gebissen,
Wer wird die nun bezahlen müssen?

Da sollst du, Schelm, den Beutel ziehen,
  Fuhr alsofort der Junker auf:
Mir war das Stück von solchen Kühen
  Für dreißig Thaler nicht zu Kauf.
Die sollst du augenblicks erlegen;
Das sey erkannt von Rechtes wegen!

Ach nein! Gestrenger Herr, ach höret!
  Rief ihm der arme Stümper zu:
Ich bracht' es nur aus Angst verkehret,
  Denn euer Hund biß meine Kuh.
Da hieß der Spruch Herrn Alexanders:
Ja, Bauer, das ist ganz ein anders.

Die moderne Fassung und den jetzigen Titel „Der Junker und der Bauer" hat unser Gedicht von dem Allerweltsverbesserer Ramler empfangen, in dessen „Fabellese" es als 44. Fabel des ersten Buchs zum ersten Male im Jahre 1783 unter der neuen Gestalt (ohne Namen des Autors, wie alle Gedichte der beiden Ramler'schen Anthologien) vorkommt. Jedoch mag Richey selbst seine Idee aus einer ältern englischen Quelle geschöpft haben. Halliwell führt nämlich in seinem „Dictionnär altertümlicher und provinzieller Wörter" unter dem Artikel „Plowden" die Redensart: „Der Fall ist ein anderer, sprach Plowden (the case is altered, quoth Plowden) als eine sehr beliebte alte sprichwörtliche Phrase an, die er folgendermaßen erläutert: „Plowden war ein ausgezeichneter Jurist zur Zeit der Königin Maria. Als er gefragt wurde, welche gesetzliche Hülfe es dagegen gäbe, daß Schweine auf des Klägers Grund und Boden hinübergelaufen wären, antwortete er, dagegen gäbe es sehr gute Hülfe. Als der Andere aber sagte, es wären seine (Plowdens) eigene Schweine gewesen, sprach Plowden: „Ja, dann ist der Fall ein andrer."

Mitunter erstreckt sich der Irrtum nur auf die Zahl der Zeilen, so daß man z. B. eine Zeile zu citiren glaubt, wo man, wie aus **Bürger**'s „Weiber von Weinsberg", Strophe 11, V. 3 und 4:

> Ein Kaiserwort
> Soll man nicht drehn noch deuteln,

oder aus seiner „Leonore", Strophe 9, V. 1 und 2:

> Hin ist hin!
> Verloren ist verloren!

deren zwei citirt.

Aus **Schiller**'s „lyrischen Gedichten" ist dem Volksmunde geläufig geworden:

> Auch ich war in Arkadien geboren,

der Anfang seines Gedichtes „Resignation", welches Wort aber, wie Wieland's: „Auch ich lebt' in Arkadia" in dem Gedicht „Pervonte" nur eine Uebersetzung der griechischen Inschrift:

> *Κἀγὼ ἐν Ἀρκαδίᾳ*

ist, die der Maler Poussin auf einem Grabhügel eines seiner Landschaftsgemälde anbrachte, und deren wörtliche Uebersetzung „Auch ich in Arkadien" Goethe als Motto seiner Reise nach Italien voranstellte.

Aus demselben Gedicht gebrauchen wir einen Strophenanfang:

Des Lebens Mai blüht einmal und nicht wieder,

wie die beiden Strophenschlüsse:

Die Weltgeschichte ist das Weltgericht,

und:

Was man von der Minute ausgeschlagen,
Giebt keine Ewigkeit zurück.

Ebenso ist der Anfang des Gedichtes „Die Ideale":

So willst Du treulos von mir scheiden?

wie der Dichter die fliehende Zeit anredet; ferner der Schluß der zweiten Strophe des in den „Piccolomini", Akt 3, Sc. 7, Thekla in den Mund gelegten Gedichtes „Des Mädchens Klage:"

Ich habe genossen das irdische Glück,
Ich habe gelebt und geliebet,

und der erste Vers der in den „Parasiten", Akt 4, Sc. 4, eingeflochtenen, oft in Musik gesetzten, Romanze „Der Jüngling am Bache:"

An der Quelle saß der Knabe

zum Citat geworden. Der Parasit ist von Schiller aus Picard weniger übersetzt als übertragen; namentlich hat die Schiller'sche Romanze mit der Picard's nur die Stimmung gemein, so daß unser Citat ebenso ursprünglich Schiller angehört, wie der Schluß der Romanze:

Raum ist in der kleinsten Hütte
Für ein glücklich liebend Paar.

Auch das oft aus dem Gedichte „An die Freunde" angeführte Wort:

(Und) der Lebende hat Recht

ist der letzte Vers der ersten Strophe. Ein echtes geflügeltes Wort ist die demselben Gedichte entnommene Umschreibung für Theaterbühne:

Die Bretter, die die Welt bedeuten.

Eine vortreffliche Umschreibung für Kampf und Krieg bietet uns in dem Gedichte „Die Schlacht"

das wilde, eiserne Würfelspiel.

Aus dem „Siegesfest" stammt das Citat:

Trink ihn aus, den Trank der Labe,
Und vergiß den großen Schmerz,

womit Nestor der Hekuba den Becher kredenzt.

Daß die Balladen unseres Dichters dem Volksmunde eine Summe oft gebrauchter Verse zugeführt haben, liegt wiederum nicht an ihrer Pracht an und für sich, sondern an dem Nebenumstande, daß sie aus den Schulen her, wo sie mit Recht den Hauptstoff deklamatorischer Uebungen bilden, dem größeren Theile des Volkes bekannt sind.

Daher stammen, aus „Die Kraniche des Ibycus:"

Wer zählt die Völker, nennt die Namen?

und:

Sieh da, sieh da, Timotheus,
Die Kraniche des Ibycus; [3])

aus „Der Ring des Polykrates:"

Des Lebens ungemischte Freude
Wird keinem Irdischen (nicht: Sterblichen) zu Theil;

aus „Die Bürgschaft:"

Ich sei, gewährt mir die Bitte,
In Eurem Bunde der Dritte,

was nicht etwa ein ursprünglicher Einfall Schiller's, sondern vielmehr einer der Fundstellen dieser Ballade entlehnt ist; *)

---

*) Schiller schöpfte diese Ballade namentlich aus den Fabeln des Hyginus, in welchem aber an der entsprechenden Stelle gerade

aus „Der Taucher“ außer dem S. 7 erwähnten Citat:

Wer wagt es, Rittersmann oder Knapp,
Zu tauchen in diesen Schlund —

Da unten aber ist's fürchterlich,
Und der Mensch versuche die Götter nicht —

Laß, Vater, genug sein des grausamen Spiels;

aus „Der Kampf mit dem Drachen:“

Was rennt das Volk, was wälzt sich dort
Die langen Gassen brausend fort?

Muth zeiget auch der Mameluck,
Gehorsam ist des Christen Schmuck;

aus „Der Gang nach dem Eisenhammer:“

Deß freut sich das entmenschte Paar,

so wie:

Der ist besorgt und aufgehoben;

aus: „Die Theilung der Erde:“

Was thun? spricht Zeus.

---

das Wort „der dritte“ fehlt. Alle anderen antiken Schriftsteller jedoch, welche denselben Gegenstand behandeln, Cicero, „Tusculanae,“ 5, 22, und in der Schrift „über die Pflichten,“ 3, 10; Valerius Maximus 4, 7, externa 1; Diodorus Sikulus (Dindorf'sche Ausgabe, B. 2, Th. 2, S. 85), und Aristoxenus in einem uns (von Jamblichus, 27, und von Porphyrius, „Leben des Pythagoras“, 59) enthaltenen Bruchstücke seines Werks über Pythagoras, citiren genau die Schiller'schen Worte. Aristoxenus theilt mit, daß ihm der vertriebene Dionysius selbst häufig in Korinth die Geschichte der beiden Freunde erzählt habe. Es ist also nicht allein diese Geschichte wahr, sondern das oben erwähnte Wort ist in der That von **Dionysius** gesagt worden und daher weit über zwei Jahrtausende alt. — Auch möchte es von Interesse sein, daß die antiken Schriftsteller, den Hyginus ausgenommen, die Geschichte der Bürgschaft stets als einen Beleg für die innige Gemeinschaft anführen, welche zwischen den Pythagoräern herrschte, welcher Sekte die beiden Freunde angehörten. Siehe Cicero, de finibus, 2, 24, 79.

Ja, man möchte versucht sein anzunehmen, daß, wenn aus dem herrlichen „Lied von der Glocke“ viel citirt wird, die Verbreitung dieses Liedes durch Andreas Romberg, den Komponisten, der ein viel mächtigeres Werkzeug der Volksthümlichkeit ist, als der Buchdrucker, dazu am meisten beigetragen hat.

Folgende Stellen dieses Liedes können für Citate gelten:

O zarte Sehnsucht, süßes Hoffen,
Der ersten Liebe goldne Zeit —

O daß sie ewig grünen bliebe,
Die schöne Zeit der jungen Liebe —

Denn wo das Strenge mit dem Zarten,
Wo Starkes sich und Mildes paarten,
Da giebt es einen guten Klang —

Drum prüfe, wer sich ewig bindet,
Ob sich das Herz zum Herzen findet — [4])

Der Wahn ist kurz, die Reu' ist lang —

Wohlthätig ist des Feuers Macht,
Wenn sie der Mensch bezähmt, bewacht —

Ein süßer Trost ist ihm geblieben,
Er zählt die Häupter seiner Lieben,
Und sieh! ihm fehlt kein theures Haupt —

Wenn sich die Völker selbst befrei'n,
Da kann die Wohlfahrt nicht gedeih'n; —

und endlich:

Gefährlich ist's, den Leu zu wecken,
Verderblich ist des Tigers Zahn,
Jedoch der schrecklichste der Schrecken,
Das ist der Mensch in seinem Wahn. [5])

Das Gedicht „Würde der Frauen“ bietet uns die Anfangsworte:

Ehret die Frauen, sie flechten und weben
Himmlische Rosen in's irdische Leben.

Das Gedicht: „An die Freude“ bereichert unsern Stoff mit den Versen:

Freude, schöner Götterfunken —

Seid umschlungen, Millionen —

was scherzhaft auch auf Geldsäcke angewendet wird, und mit

Wem der große Wurf gelungen.

Das Wort dieses Gedichts:

Wer ein holdes Weib errungen,
Mische seinen Jubel ein —

hat in der Ueberarbeitung, die F. Treitschke auf den Wunsch Beethoven's mit dem schon früher vom Regierungsrath Joseph Sonnleithner aus dem Französischen übertragenen Texte der von Gaveaux komponirten Operette Bouilly's „Léonore ou l'amour conjugal“ unternahm, zu:

Wer ein solches Weib errungen,
Stimm' in unsern Jubel ein —

umgewandelt, am Schluß der Oper „Fidelio“ seine musikalische Weihe gefunden. — Weitere Citate aus demselben Gedichte sind:

Unser Schuldbuch sei vernichtet —

Männerstolz vor Königsthronen —

Dem Verdienste seine Kronen.

Aus dem Gedichte „Hoffnung“ sind wiederum die beiden Endverse:

Und was die innre Stimme spricht,
Das täuscht die hoffende Seele nicht

allgemein bekannt geworden, wie der Endvers des Gedichtes „Thekla:“

Hoher Sinn liegt oft im kind'schen Spiel.

Eine Stelle, die ihrer Natur nach hier anzureihen ist:

Und was kein Verstand der Verständigen sieht,
Das übet in Einfalt ein kindlich Gemüth

bildet den Schluß der dritten Strophe der „Worte des Glaubens,“ welche im Anfang der zweiten:

Der Mensch ist frei geschaffen, ist frei,
Und würd' er in Ketten geboren

enthalten.

Aus „Das Mädchen von Orleans“ ist das viel gebrauchte Wort:

Es liebt die Welt, das Strahlende zu schwärzen,
Und das Erhab'ne in den Staub zu zieh'n.

Wir citiren ferner aus „Breite und Tiefe:“

Wer etwas Treffliches leisten will,
Hätt' gern was Großes geboren,
Der sammle still und unerschlafft
Im kleinsten Punkte die höchste Kraft.

Wenn Schiller in seinem Distichon diese Kunstform also lobt:

Im Hexameter steigt des Springquells flüssige Säule,
Im Pentameter drauf fällt sie melodisch herab, -

so hat er sowohl an diesem, wie an folgenden:

(Der Schlüssel)

Willst du dich selber erkennen, so sieh', wie die Andern es treiben:
Willst du die Andern versteh'n, blick' in dein eigenes Herz —

(Erwartung und Erfüllung)

In den Ocean schifft mit tausend Masten der Jüngling,
Still, auf gerettetem Boot, treibt in den Hafen der Greis,

dargethan, wie ein guter Gedanke, der von dem anmuthigen Geplätscher dieser Form spielend gehoben und gesenkt wird, sich in das Gedächtniß einzuschmeicheln vermag.

Aus dem Distichon „Wissenschaft:"

Einem ist sie die hohe, die himmlische Göttin, dem Andern
Eine tüchtige Kuh, die ihn mit Butter versorgt,

ist

die milchende Kuh

des Pentameters zu einem Alltagsworte geworden, wie wir auch von dem Distichon „Kant und seine Ausleger" den Pentameter

Wenn die Könige bau'n, haben die Kärrner zu thun,

abzulösen gewohnt sind.

„Sonntagskinder," die heute schon lehren wollen, was sie gestern gelernt, werden in dem gleichnamigen Doppel-Distichon mit dem boshaften:

Ach, was haben die Herrn doch für ein kurzes Gedärm,

abgefunden.

— — — Das große gitantische Schicksal,
Welches den Menschen erhebt, wenn es den Menschen zermalmt,

steht im 35. und 36. Verse der Parodie „Shakespeare's Schatten."

Zum Teufel ist der Spiritus,
Das Pflegma ist geblieben,

steht in dem Gedichte, das in den Ausgaben bald den Titel „Kastraten und Männer", bald den Titel „Männerwürde" führt. Das Bild ist, wie der Zusammenhang ergiebt, vom Destillationsprozeß hergenommen, bei welchem nach Herstellung des Spiritus eine wässerige, fade schmeckende Flüssigkeit zurückbleibt, welche früher Phlegma genannt wurde.

Die Schlußverse der sechsten Strophe des Gedichtes „An Goethe, als er den 'Mahomet' von Voltaire auf die Bühne brachte":

Der Schein soll nie die Wirklichkeit erreichen,
Und siegt Natur, so muß die Kunst entweichen

erfuhren einst eine bizarre Umgestaltung. Es giebt nämlich

eine alte, gewöhnlich in die Zeit Karl's V. von Frankreich verlegte, aber bereits in einem viel älteren altfranzösischen Roman enthaltene Sage, nach welcher ein französischer Ritter, Aubry, von einem seiner Waffengefährten, Robert Macaire, dessen Name in Frankreich die typische Bezeichnung für einen Hallunken geworden ist, meuchlings erschlagen, und die Ermordung Aubry's durch das feindselige Betragen des Hundes des Getödteten gegen den Mörder an's Tageslicht gebracht wird.

Die Sage wurde zu einem Melodrama verarbeitet, in welchem ein dressirter Pudel die Hauptrolle spielte, der den Pariser Janhagel in Begeisterung versetzte. Im Jahre 1816 gab sich selbst die Königliche Bühne in Berlin dazu her, den vielbesprochenen Pudel auftreten zu lassen. Auch der Herzog von Weimar, ein großer Hundeliebhaber, wünschte den vierbeinigen Schauspieler auf seiner Bühne zu sehen, stieß aber auf Widerstand bei Goethe, dem Intendanten der Bühne, der wohl mit Recht glauben mocht, daß einen Hund auf die Bühne bringen, um populär zu reden, die Bühne auf den Hund bringen heiße. Der Pudel wurde jedoch heimlich verschrieben; Goethe ging am Abend der Theaterprobe, am 20. März 1817, mit eigenmächtiger Urlaubsertheilung nach Jena, und Karl August schrieb ihm bald darauf folgende Zeilen: „Aus den mir zugegangenen Aeußerungen habe ich die Ueberzeugung gewonnen, daß der Geheimerath von Goethe wünscht, seiner Funktion als Intendant enthoben zu sein, welches ich hiermit genehmige.“ Die Tagesblätter variirten die obigen Verse Schiller's demzufolge also:

Dem Hundestall soll nie die Bühne gleichen,
Und kommt der Pudel, muß der Dichter weichen.

und nannten den Pudel den „Schicksalspudel“.

Goethe selbst erwähnt in den „Annalen“ unter dem Jahre 1817 von diesen Vorkommnissen nichts. Ob ihm wohl, als er des Herzogs Brief las, ein Gedanke aufgestiegen sein mag, wie der Schiller'sche in der „Antritt des neuen Jahrhunderts“:

> Freiheit ist nur in dem Reich der Träume.
> Und das Schöne lebt nur im Gesang?

womit wir die Citate aus Schiller's nichtdramatischen Gedichten schließen.

In den „Räubern“, Akt 2, Sc. 3, lesen wir Karl Moor's Worte:

> Ich kenne dich, Spiegelberg. Aber ich will nächstens unter euch treten und fürchterlich Musterung halten,

und am Ende des zweiten Aktes:

> Ich fühle eine Armee in meiner Faust.

Der 5. Akt der „Räuber“ enthält Franz Moor's Worte:

> Hab' mich nie mit Kleinigkeiten abgegeben;

und die letzten Worte des Schauspiels:

> Dem Mann kann geholfen werden,

sind eine so triviale Redensart geworden, daß Mancher erstaunt, wenn man ihm zumuthet, dieselbe auf einen unserer größten Dichter zurückzuführen.

Noch eine andere sehr triviale Redensart:

> Konfiscirter Kerl

ist wahrscheinlich auch auf ihn zurückzuführen.

Einer der größten Kenner Schiller's (Karl Hoffmeister, „Schiller's Leben für den weiteren Kreis seiner Leser“, Th. I. Kap. 4) erzählt über unsere Redensart Folgendes: „Als Schiller einst den Freunden die Worte vortrug, die Franz Moor im Anfange des fünften Aktes zu Moser spricht: ‘Ha! was, Du kennst keine Sünde drüber (über den Vatermord)? Besinne Dich nochmals — Tod, Himmel, Ewigkeit, Verdammniß schwebt auf dem Laute Deines Mundes! keine einzige drüber?’ da öffnete sich die Thür und der hereintretende Aufseher sah Schillern halb in Verzweiflung die Stube auf-

und abrennen. 'Ei, so schäme man sich doch,' sagte er, 'wer wird denn so entrüstet sein und fluchen!' Als er den Rücken gekehrt, rief ihm Schiller, zu den lachenden Gesellen gewandt, das Wort aus den Räubern nach: 'Ein konfiscirter Kerl!'"

Nun findet sich jedoch dieser Ausdruck nirgends in den „Räubern", sondern in „Kabale und Liebe", Akt 1, Sc. 2, wo der Musikus Miller von dem eben von der Bühne getretenen Sekretair Wurm sagt: „Ein konfiscirter widriger Kerl, als hätte ihn irgend ein Schleichhändler in die Welt meines Herrgotts hineingeschleudert."

Auch im Personenverzeichniß zu „Fiesko" wird Muley Hassan, Mohr von Tunis, von Schiller als „konfiscirter Mohrenkopf" bezeichnet.

Eine Redensart, die jetzt im Volke den Stempel der plattsten Trivialität trägt, und mit welcher wir eine durch geringfügige Dinge veranlaßte Aufregung bezeichnen:

Und darum Räuber und Mörder!

finden wir in der gewöhnlichen Ausgabe der „Räuber" nicht; sie steht in der Umarbeitung, die Schiller mit seinem Stücke für das Mannheimer Theater auf das Andrängen des Intendanten von Dalberg vornahm, in der 17. Scene des 4. Akts, und ist, da diese Mannheimer Theaterausgabe dem großen Publikum so gut wie unbekannt ist, ein höchst interessanter Beleg dafür, wie sich ein von der Bühne herab ertönendes Wort tief in das Gedächtniß des Volkes einprägt. Auch hört man noch jetzt dieses Wort bei der Aufführung der Räuber auf der Berliner Hofbühne.

Aus „Kabale und Liebe" ist als allgemein gebräuchlich noch anzumerken, Akt 2, Sc. 2:

Legt's zu dem Uebrigen!

mit welchen Worten der Kammerdiener des Fürsten Lady Milford's Geldbörse zurückweist. Ganz denselben Ausdruck gebraucht Schiller, sich selbst citirend, in „Maria Stuart", Akt 1, Sc. 1, wo Paulet ein mit den französischen Lilien durchzogenes Diadem, das er in einem geheimen Fach aufgefunden, seinem Gehülfen überreicht.

Akt 5, Sc. 3 in „Kabale und Liebe“ finden sich auch noch die Worte:

(Nicht: O du) Unglückseliges Flötenspiel!

und Akt 3, Sc. 7:

Die Limonade ist matt wie deine Seele.

„Die Verschwörung des Fiesco“ bietet außer dem S. 6 erwähnten Wort in Akt 1, Sc. 5 Gianettino Doria's Fluch:

Donner und Doria!

und in Akt 3, Sc. 5 Fiesco's Drohung:

(Fahre wohl, Doria, schöner Stern,)
Auch Patroklus ist gestorben,
Und war mehr als du.

Dies Trochäenpaar ist selbst ein Citat aus der Iliade (Bch. 21, V. 106 und 107):

Ἀλλά, φίλος, θάνε καὶ σύ. τίη ὀλοφύρεαι οὕτως;
Κάτθανε καὶ Πάτροκλος, ὅπερ σέο πολλὸν ἀμείνων,

Wohlan, Freund, stirb auch du. Was klagst du so?
Es starb auch Patroklus, der viel besser als du,

was Achilles dem um sein Leben flehenden Lykaon zuruft.

Sobald man von jener ersten Periode der Schiller'schen Dichtung, der die drei in Prosa geschriebenen Schauspiele angehören, zu den in Versen geschriebenen Dramen übergeht, tritt man zugleich aus einem an Citaten armen Gebiet in ein überaus citatenreiches. Jene drei Stücke haben uns im Ganzen wenig Citate geboten. Don Carlos allein wird uns deren mehr bieten. Woran liegt das? Es hat einen äußeren und einen inneren Grund. Erstens dringt die rhythmische Rede schmeichelnder an das Ohr und deswegen leichter in das Gedächtniß. Die Summe der gereimten oder rhythmisch sich gliedernden Citate überwiegt wohl in allen Sprachen die, welche in dem schmucklosen Gewande der ungebundenen Rede einherschreiten; andererseits aber behandelt Schiller auch von nun ab den Dialog anders. Wenn in den ersten Stücken das Gespräch oft chaotisch, dithyrambisch, ja gleichsam in den Monolog hinüberspielend wogt und braust, so tritt jetzt wirkliche Rede und Wechselrede ein, kunstvoll geordnet und entwickelt. So nimmt auch der Gedanke eine schärfere, plastischere Form an und prägt sich in ihr Lesern und Hörern schneller ein.

Freilich ist dadurch noch nicht erklärt, warum die Dramen Schiller's so ungleich mit Citaten ausgestattet sind. „Maria Stuart" (man müßte denn außerdem das S. 20 bei „Kabale und Liebe" erwähnte hierher rechnen) enthält nur Ein geläufiges in Akt 3, Sc. 4.:

(Das Aergste weiß die Welt von mir, und ich
Kann sagen,) ich bin besser als mein Ruf.

Es ist möglich, daß Schiller geglaubt, Er habe diese Worte erfunden; er erinnerte sich dann nicht, daß sie ihm schon früher bei seiner Lektüre aufgestoßen waren. Die Worte, die hier in einer Scene voll des höchsten tragischen Effektes die zornglühende Königin hervorstammelt, hatte schon früher der „Barbier von Sevilla" gesagt, wie wir unter den französischen Citaten bei Beaumarchais sehen werden.

Dagegen bietet uns „Don Carlos" eine stattliche Anzahl. Gleich an der Schwelle des Stücks stoßen wir auf das unendlich oft gebrauchte Wort, Akt 1, Sc. 1:

Die schönen Tage in Aranjuez
Sind nun zu Ende;

und aus derselben Scene citiren wir noch die Worte Domingo's:

Brechen Sie
Dies räthselhafte Schweigen;

des Carlos:

O wer weiß,
was in der Zeiten Hintergrunde schlummert;

und wiederum Domingo's:

> Wo Alles liebt, kann Karl allein nicht hassen;

aus Sc. 2 desselben Aktes folgende drei Worte des Carlos:

> Du sprichst von Zeiten, die vergangen sind —

> O, der Einfall
> War kindisch, aber göttlich schön —

> Sprich mir von allen Schrecken des Gewissens —
> Von meinem Vater sprich mir nicht.

Beim Citiren wird natürlich „meinem Vater" fortgelassen und je nach den Umständen und der Stimmung des Redenden der Gegenstand des Entsetzens eingeschaltet.

Die 4. Scene enthält des Marquis Posa:

> Große Seelen dulden still,

und die 5te die Worte des Don Carlos zur Königin:

> Ein Augenblick, gelebt im Paradies,
> Wird nicht zu theuer mit dem Tod gebüßt.

Die Worte Philipp's II. in Akt 1, Sc. 6:

> Die Sonne geht in meinem Staat nicht unter,

fand Schiller bereits in der Geschichte vor. Welcher spanische Dichter oder Geschichtsschreiber sie jedoch zuerst gebraucht hat, weiß ich nicht zu sagen.

Derselben Scene entnehmen wir:

> Hier ist die Stelle, wo ich sterblich bin —

> Wenn ich einmal zu fürchten angefangen,
> Hab' ich zu fürchten aufgehört —

(Ob Schiller hier an Shakespeare, „Othello", Akt 3, Sc. 3:

> to be once in doubt
> Is once to be resolved,

> einmal zweifeln macht mit Eins entschlossen

gedacht hat, wer wollte es entscheiden?)

Von dem in dieser Scene vorkommenden:

Der Knabe
Don Carl fängt an, mir fürchterlich zu werden

versichert man, daß es seine Volksthümlichkeit durch Ludwig Devrient bekommen habe, der diese Worte einst in der klassischen Weinstube von Lutter und Wegner in Berlin pathetisch dem Kellner Karl zurief, welcher ihm die stark aufgelaufene Rechnung präsentirte. Auch erwähnen wir gleich hier, daß Devrient, den Fallstaff in Heinrich IV., Thl. 1, Akt 1, Sc. 4, weiter spielend, ebenda sich sein Lieblingsgetränk Champagner gewöhnlich mit den Worten: „Ein Glas Sekt" bestellt habe, und daß daher das Wort

Sekt,

welches im „Shakespeare" eine gewisse Sorte spanischen Weins ist, zuerst ist Berlin die jetzige, über Deutschland verbreitete Bedeutung „Champagner" bekommen haben soll.

Aus Akt 1, Sc. 9 merken wir an:

Und in des Worts verwegenster Bedeutung,

und:

Arm in Arm mit dir,
So fordr' ich mein Jahrhundert in die Schranken.

Der zweite Akt bietet uns in Scene 1 das oft gebrauchte, in der 5. Scene desselben Akts wiederholte:

In seines Nichts durchbohrendem Gefühle, [7])

in Scene 2:

Wer ist das?
Durch welchen Mißverstand hat dieser Fremdling
Zu Menschen sich verirrt?

ferner die Worte:

Dreiundzwanzig Jahre!
Und nichts für die Unsterblichkeit gethan,

(eine Reminiscenz aus Schiller's Jugendlektüre, „als er im

Plutarch las von großen Menschen", und daselbst im Cäsar, Kap. 11, fand, daß Cäsar bei der Lektüre des Lebens Alexander's des Großen in Thränen ausbrach, weil dieser schon in jugendlichem Alter so viele Völker besiegt, er aber noch nichts Hervorragendes gethan habe); und in Scene 8 die Worte der Prinzessin Eboli:

Die Liebe ist der Liebe Preis.

Im 3. Akt finden wir, Sc. 10, die Worte des Königs:

Stolz will ich
Den Spanier,

die Worte des Marquis Posa:

Ich kann nicht Fürstendiener sein,

und:

Die Ruhe eines Kirchhofs,

und wiederum die des Königs:

Sonderbarer Schwärmer. [8])

Akt 4, Sc. 21 finden wir:

O Gott, das Leben ist doch schön!

und in der letzten Scene:

So sehen wir uns wieder.

Auch die vom König gesprochenen Schlußworte des Dramas:

Kardinal, ich habe
Das Meinige gethan. Thun Sie das Ihre,

werden häufig citirt und können mit den Worten Karl Moor's in den „Räubern", Akt 2, Sc. 3:

Ich habe das Meine gethan; das Plündern ist Eure Sache

in Parallele gestellt werden.

Zu den populärsten Schiller'schen Dramen gehören die Wallensteindichtungen. Daher sind die Citate daraus zahlreich; die einen sind den Gebildeten bekannt und geläufig;

andere sind ganz und gar in den Mund des Volkes gedrungen; aber auch darüber hinaus werden uns häufig bei so viel gelesenen Dichtungen Citate im Gespräch und in der Lektüre begegnen, die wir als „geflügelte Worte“ nicht anzuerkennen vermögen. — Man bedenke wohl: Einem Jeden von uns sind gewisse Citate nur deswegen geläufig, weil der Inhalt derselben irgend einmal unter besonderen Umständen für uns wichtig war und seine Tiefe und Wahrheit gerade unserem Gemüt entfaltete, oder weil wir sie häufig im Munde unserer Freunde finden. Diese letzteren, uns persönlich geläufigen Citate haben also kein Recht, dem Gedankenschatz der Nation zugezählt zu werden. Einer der Freunde des Verfassers wird sich daher leicht verwundern, wenn er eins seiner Lieblingscitate aus den „Piccolomini“, Akt 3, Sc. 4:

> Das Spiel des Lebens sieht sich heiter an,
> Wenn man den sichern Schatz im Busen trägt;

ein anderer, wenn er:

> Hab' ich des Menschen Kern erst untersucht,
> So weiß ich auch sein Wollen und sein Handeln,

aus „Wallenstein's Tod“, Akt 2, Sc. 3, Ende, hier nicht zu den allgemein bekannten Citaten gerechnet trifft. Aus den Wallensteindichtungen sind ganz volksthümlich, fast trivial geworden, in den „Piccolomini“:

> **Spät kommt ihr, doch ihr kommt** (Akt 1, Sc. 1) —
>
> **Was ist der langen Rede kurzer Sinn?** (Akt 1, Sc. 2) —
>
> **Der Zug des Herzens ist des Schicksals Stimme** (Akt 3, Sc. 8),

was als Nebentitel des von Hauff unter dem Namen „H. Clauren“ und gegen diesen geschriebenen Romans: „Der Mann im Monde“ noch bekannter geworden ist; und in „Wallenstein's Tod“:

> **Es giebt im Menschenleben Augenblicke** — [9]) (Akt 2, Sc. 3)
>
> **Und Roß und Reiter sah ich niemals wieder** (Akt 2, Sc. 3),

Daran erkenn' ich meine Pappenheimer (Akt 3, Sc. 15),

Max, bleibe bei mir (Akt 3, Sc. 18).

Folgendes ist eine höhere Klasse der Citate aus den Wallensteindichtungen. Bereits im Prolog, der im Oktober 1798 bei Wiedereröffnung der Schaubühne in Weimar gesprochen wurde, finden wir:

Dem Mimen flicht die Nachwelt keine Kränze —

und die vielleicht mit Bewußtsein dem römischen Dichter Horaz *) nachgebildeten Worte:

(Denn) wer den Besten seiner Zeit genug
Gethan, der hat gelebt für alle Zeiten — [10])

Im engern Kreis verengert sich der Sinn,
Es wächst der Mensch mit seinen größern Zwecken —

Ernst ist das Leben, heiter ist die Kunst.

In „Wallenstein's Lager", 6. Auftritt, wirft der selbstbewußte Wachtmeister einem Jäger vor, daß ihm

Der feine Griff und der rechte Ton

fehle, den man nur in des Feldherrn Nähe lernen könne. Der Jäger erwidert darauf mit den wenigen drastischen Worten:

Wie er räuspert und wie er spuckt,
Das habt Ihr ihm glücklich abgeguckt.

Doch

les beaux esprits se rencontrent, **)

---

*) Horaz, Epist. 1, 17, 35:
Principibus placuisse viris non ultima laus est.
Den hervorragendsten Männern gefallen zu haben, ist nicht das kleinste Lob.

**) Dies Wort ist vielleicht doch viel älter. Andreas Gryphius, gestorben 1664, läßt den Daradiridatumdarides im „Horribilicribifax" Akt 5, Sc. 7 sagen: „Les beaux esprits lernen einander durch dergleichen recontre erkennen."

wie **Voltaire** in einem Brief vom 30. Juni 1760 an Thieriot das englische Wort

Greats wits jump

übersetzt, das er kurz zuvor bei der Lektüre von **Sterne**'s „Tristram Shandy" 3, 9 entdeckt hatte; und so finden wir denn Schiller's Wort bereits in Molière's „Femmes savantes" im Munde der schöngeistigen Amande, die zu ihrer einfach schlichten Schwester Henriette sagt:

Wer sich nach Andern bilden will und achten,
Hat ihren guten Seiten nachzutrachten.
Das heißt gewiß sein Vorbild nicht erreichen,
Im Räuspern nur und Spucken (tousser et cracher)
ihm zu gleichen.

Es treten späterhin im Lager zwei Arquebusiere auf, recht verständige philisterhafte Gesellen, die sich Seitens eines Jägers zweimalige Kritiken zuziehen, im 10. Auftritt:

(Laß sie gehen, sind Tieffenbacher,)
Gevatter Schneider und Handschuhmacher,

und im 11ten, nach den bedauernden Worten, die ihnen ein Kürassier widmet:

(Schad' um die Leut'! Sind sonst wackre Brüder!)
Aber das denkt wie ein Seifensieder.

Ferner wird aus dem Schlußvers des letzten von Hahn komponirten Chorgesangs citirt:

Und setzet ihr nicht das Leben ein,
Nie wird euch das Leben gewonnen sein.

Aus den „Piccolomini" werden ferner citirt, Akt 2, Sc. 7:

Wär' der Gedank' nicht so verwünscht gescheidt,
Man wär' versucht, ihn herzlich dumm zu nennen;

der Schlußvers — wiederum ein Schlußvers! — des Gesanges der Thekla, Akt 3, Sc. 7:

Ich habe gelebt und geliebet;

und Akt 5, Sc. 1, die Worte, die Octavio an seinen, den Vater der Falschheit zeihenden Sohn richtet:

(Mein bester Sohn! Es ist nicht immer möglich,
Im Leben sich so kinderrein zu halten,
Wie's uns die Stimme lehrt im Innersten.
In steter Nothwehr gegen arge List
Bleibt auch das redliche Gemüth nicht wahr —)
Das eben ist der Fluch der bösen That,
Daß sie, fortzeugend, (immer) Böses muß gebären.

In „Wallenstein's Tod" hört man aus Wallenstein's berühmtem Monolog, Akt 1, Sc. 4, häufig:

Ernst ist der Anblick der Nothwendigkeit, —

Denn aus Gemeinem ist der Mensch gemacht
Und die Gewohnheit nennt er seine Amme, —

Sei im Besitze und du wohnst im Recht;

aus Akt 1, Sc. 5, Wrangel's Worte:

Ich hab' hier blos ein Amt und keine Meinung.

In der 2. Scene des 2. Akts braucht Wallenstein, als Max ihn anfleht, nicht ein Verräther zu werden, das sprichwörtlich gewordene:

Schnell fertig ist die Jugend mit dem Wort.

Buttler's Wort, Akt 2, Sc. 6:

Dank vom Haus Oestreich!

ist ganz geeignet, ein Citat der Abgeordnetenhäuser zu werden, wie es denn auch v. Vincke mit Beifall in der 8. Sitzung der Zweiten Preußischen Kammer vom 3. December 1850 angewendet hat.

Aus Akt 3, Sc. 9 sind Wallenstein's Worte zu erwähnen:

Das war kein Heldenstück, Octavio!

aus Akt 3, Sc. 10:

Nacht muß es sein, wo Friedland's Sterne strahlen,

aus Akt 3, Sc. 13:

Du hast's erreicht, Octavio,

sowie:

Da steh' ich, ein entlaubter Stamm,

und aus Akt 3, Sc. 15 die Worte des Kürassier's:

So ist's mein Feldherr.

Im Akt 4, Sc. 10 haben wir des schwedischen Hauptmanns Worte:

Gekeilt in drangvoll fürchterliche Enge,

und:

Man sagt, er wollte sterben.

Thekla's Monolog im Akt 4, Sc. 12 enthält:

Was ist das Leben ohne Liebesglanz?

und schließt mit den Worten:

Das ist das Loos des Schönen auf der Erde.

Akt 5, Sc. 5 findet sich Wallenstein's:

Ich denke einen langen Schlaf zu thun,

und Akt 5, Sc. 11 bietet Octavio's Worte:

Des Menschen Engel ist die Zeit.

Aus der 2. Scene des Prologs zur „Jungfrau von Orleans" sind in die alltägliche Sprache übergegangen Thibaut's Worte:

Wie kommt mir solcher Glanz in meine Hütte?

aus der 3ten Johanna's Worte:

Mein ist der Helm, und mir gehört er zu,

so wie:

Nichts von Verträgen, nichts von Uebergabe.

Der Anfangsvers der ersten Strophe des Monologs Johanna's:

Lebt wohl, ihr Berge, ihr geliebten Triften,

wird, wie ihr Schlußvers:

> Johanna geht und nimmer kehrt sie wieder [11])

bei einem Abschiede angewendet.

Die Worte des Königs Karl VII., Akt 1, Sc. 2:

> Drum soll der Sänger mit dem König gehen,
> Sie beide wohnen auf der Menschheit Höhen, [12])

erscheinen mit ihrem „Drum" als eine Schlußfolge aus den vorhergehenden Betrachtungen Karl's; daher verändert das sich um jene Schlußfolge nicht kümmernde Citat „Drum" in „Es."

Ferner sind folgende Stellen geläufig geworden:

> Kann ich Armeen aus der Erde stampfen?
> Wächst mir ein Kornfeld in der flachen Hand? (Akt 1, Sc. 3.)

(wobei wir bemerken, daß nach Plutarch, „Cäsar," K. 33, Pompejus einst geprahlt hatte, er könne Armeen aus der Erde stampfen);

> Nichtswürdig ist die Nation, die nicht
> Ihr Alles freudig setzt an ihre Ehre (Akt 1, Sc. 5),

(das Motto der „Geschichte der deutschen Freiheitskriege in den Jahren 1813 und 1814" von Dr. Beitzke);

> Ein Schlachten war's, nicht eine Schlacht zu nennen; (Akt 1, Sc. 9.)

(Talbot:) Unsinn, du siegst, und ich muß untergehn!

> Mit der Dummheit kämpfen Götter selbst vergebens; (Akt 3, Sc. 6)
> Wie wird mir? Leichte Wolken heben mich; (Akt 5, Sc. 14) [13])

und der Schlußvers des ganzen Dramas:

> Kurz ist der Schmerz und ewig ist die Freude!

Da die „Braut von Messina" keine Abtheilungen nach Akten und Scenen hat, so sind die folgenden Stellen nach der Seitenzahl der Klassikerausgabe von 1854 bezeichnet:

> Etwas fürchten und hoffen und sorgen
> Muß der Mensch für den kommenden Morgen; (S. 419)
> (Und klar auf einmal fühlt' ich's in mir werden:)
> Die ist es, oder keine sonst auf Erden; (S. 444)

Nicht an die Güter hänge dein Herz,
Die das Leben vergänglich zieren!
Wer besitzt, der lerne verlieren,
Wer im Glück ist, der lerne den Schmerz! S. (481)

Auf den Bergen ist Freiheit; (S. 493)

Die Welt ist vollkommen überall,
Wo der Mensch nicht hinkommt mit seiner Qual; (S. 493)

Das Leben ist der Güter höchstes nicht,
Der Uebel größtes aber ist die Schuld. (S. 504) [14])

Citate aus „Wilhelm Tell" sind Ruodi, des Fischers, an Tell, der ihn zu Baumgarten's Rettung auffordert, gerichtete Worte:

Vom sichern Port läßt sich's gemächlich rathen,

und:

Da rast der See und will sein Opfer haben; (Akt 1, Sc. 1)

in derselben Scene Tell's Worte an den Hirten:

(Landsmann, tröstet Ihr
Mein Weib, wenn mir was Menschliches begegnet,
Ich hab gethan, was ich nicht lassen konnte;

und der Schlußvers der Scene:

Wann wird der Retter kommen diesem Lande?

In der 2. Scene wendet Gertrud das Wort:

Dem Muthigen hilft Gott!

an, das gewiß bei Schiller selbst durch eine Reminiscenz an den Vers Virgil's, „Aeneide," 10, 284:

Audentes (nicht audaces) *Fortuna juvat*,
Den Muthigen hilft das Glück, *)

wachgerufen wurde.

---

*) Sprichwörtlich im Lateinischen ist das ähnliche, zuerst bei Terenz, „Phormio", 1, 4, vorkommende:

Fortes Fortuna adjuvat,

was vom älteren Plinius in der Erforschung des Ausbruchs des

Der 2. Akt führt uns aus der 1. Scene, der Unterredung Werner's von Attinghausen mit seinem österreichisch gesinnten Neffen, zu:

Ich bin der Letzte meines Stammes,

was man trivial für das zuletzt übrig gebliebene Stück eines Vorrats zurichtet. Will man zugleich den Wert einer Gabe, die aus dem letzten Stücke unseres Vorrats besteht, andeuten, so citire man: „die jüngste, nicht geringste," oder das englische Original: the last, not least (siehe die Citate aus Shakespeare).

In derselben Scene begegnet das so viel zum Aufsatzthema gebrauchte und daher jedem Schüler bekannte:

An's Vaterland, an's theure, schließ dich an,
Das halte fest mit deinem ganzen Herzen,
Hier sind die starken Wurzeln deiner Kraft;

und:

Es lebt ein andersdenkendes Geschlecht.

Die 2. Scene des 2. Akts, die Zusammenkunft auf dem Rütli vorführend, giebt:

Wir sind ein Volk und einig woll'n wir handeln;

und gegen Ende:

Wir wollen sein ein einzig Volk von Brüdern,
In keiner Noth uns trennen und Gefahr.

Aus Akt 3, Sc. 1 citiren wir zwei Worte Tell's:

Früh übt sich, was ein Meister werden will;

und:

Die Axt im Haus erspart den Zimmermann.

Akt 3, Sc. 3 enthält die Worte, die Rudenz, empört über die Grausamkeit des Landvogts, an diesen richtet:

(Und) allzu straff gespannt, zerspringt der Bogen. *)

Vesuvs, wobei er sein Leben verlor, in fast ähnlicher Form gebraucht wurde. (Plinius Briefe, 6, 16).

*) Denselben Gedanken spricht der lateinische Fabeldichter Phädrus 3, 14, 10 aus.

Akt 4, Sc. 2 bietet die letzten, vom sterbenden Attinghausen gestammelten Worte:

Das Alte stürzt, es ändert sich die Zeit,
Und neues Leben blüht aus den Ruinen,

und:

Seid einig — einig — einig!

Wenn die 3. Scene des 4. Akts, Tell's Monolog in der hohlen Gasse bei Küßnacht, unserer Sprache manche stereotype Wendung zugeführt hat, so hat dies darin einen äußerlichen Grund, daß dieser leicht verständliche Monolog oft und gern von unserer Jugend auf der Schule zur Deklamirübung gewählt wird. Wir führen an:

Durch diese hohle Gasse muß er kommen,
Es führt kein andrer Weg nach Küßnacht. — Hier
Vollend' ich's. Die Gelegenheit ist günstig.

Mach' deine Rechnung mit dem Himmel, Vogt,
Fort mußt du, deine Uhr ist abgelaufen; —

In gährend Drachengift hast du
Die Milch der frommen Denkart mir verwandelt; —

(wobei unverkennbar eine Erinnerung an die Worte der Lady Macbeth [Akt 1, Sc. 5] vorgeschwebt hat, die vom Gemüte ihres Mannes sagt, es sei „zu voll von der Milch der Menschenliebe;")

Es lebt ein Gott, zu strafen und zu rächen; —

Entränn' er jetzo kraftlos meinen Händen (nämlich der Pfeil):
Ich hätte keinen zweiten zu versenden.

Trotz der größeren Masse der Werke **Goethe**'s ist die Summe der Verse, die der allgemeine Gebrauch ihm entlehnt, eine verhältnißmäßig kleinere als bei Schiller, wie es sich eigentlich bei einem so viel weniger als Letzterer in das Herz des deutschen Volkes gedrungenen Dichter auch von selbst versteht. Von seinen größeren Werken macht hiervon nur „Faust" eine Ausnahme; es ist das volksthümlichste, gelesenste, gewiß auch am meisten auf der Bühne dargestellte Schauspiel Goethe's.

Aus der geist- und gedankenvollen Sammlung seiner „Sprüche in Reimen“ und „Sprüche in Prosa“ sind kaum andere geflügelte Worte anzuführen, als folgende, und zwar aus dem Abschnitt „Sprichwörtlich:“

Alles in der Welt läßt sich ertragen,
Nur nicht eine Reihe von schönen Tagen;

und die aus dem „Epilog zum Trauerspiel Essex“ abgelösten, von Goethe am 18. Oktober 1813, dem Schlachttage von Leipzig, gedichteten Worte:

Der Mensch erfährt, er sei auch wer er mag,
Ein letztes Glück und einen letzten Tag;

aus dem Abschnitt „Sprüche“ (zugleich auch aus dem „West-östlichen Divan. Buch der Sprüche“) das nach Ev. Joh. 9, 4 gebildete:

Noch ist es Tag; da rühre sich der Mann;
Die Nacht tritt ein, wo Niemand wirken kann; —

aus den „Zahmen Xenien,“ 2:

Im Auslegen seid frisch und munter!
Legt ihr's nicht aus, so legt was unter;

aus denselben, 3:

Wär' nicht das Auge sonnenhaft,
Die Sonne könnt' es nie erblicken;
Läg' nicht in uns des Gottes Kraft,
Wie könnt' uns Göttliches entzücken?

endlich aus den „Zahmen Xenien,“ 5:

Sollen dich die Dohlen nicht umschrei'n,
Mußt nicht Knopf auf dem Kirchthurm sein.

und die Worte:

Jeder dieser Lumpenhunde
Wird vom zweiten abgethan,

welche einen gewissen Widerhall durch die Aufregung bekamen, die der Minister v. Manteuffel einst durch sie in der 51. Sitzung der Zweiten Preußischen Kammer vom 31. März 1850 hervorrief.

Auch die Ausbeute aus Goethe's lyrischen Gedichten ist im Ganzen genommen gering.

Aus „Antworten bei einem gesellschaftlichen Fragespiel" führen wir an die Worte „des Erfahrenen:"

Geh' den Weibern zart entgegen,
Du gewinnst sie, auf mein Wort,
Und wer rasch ist und verwegen,
Kommt vielleicht noch besser fort.
Doch, wem wenig dran gelegen
Scheinet, ob er reizt und rührt,
Der beleidigt, der verführt;

aus „Beherzigung" die Schlußstrophe:

Eines schickt sich nicht für Alle!
Sehe Jeder, wie er's treibe,
Sehe Jeder, wo er bleibe,
Und wer steht, daß er nicht falle.

deren letzter Vers auf 1. Korinther 10, 12 beruht. Die Uhland'sche Glosse „die Nachtschwärmer" hat zur Verbreitung dieser Goethe'schen Verse ihr Theil beigetragen. „Erinnerung" ist ganz zu citiren:

Willst Du immer weiter schweifen?
Sieh, das Gute liegt so nah,
Lerne nur das Glück ergreifen,
Denn das Glück ist immer da.

Das zweite „Cophtische" (aus dem Drama „Der Großcophta" abgelöste) Lied hat seinen letzten Vers zu einer sprichwörtlichen Wendung hergegeben, die aber bereits vor Goethe und auch in anderen Sprachen existirt: „Man muß entweder Ambos oder Hammer sein." Das Lied endet nämlich also:

Du mußt (herrschen und gewinnen,
Oder dienen und verlieren,
Leiden oder triumphiren,)
Ambos oder Hammer sein.

Aus dem „Schatzgräber“ wird citirt:

Tages Arbeit! Abends Gäste!
Saure Wochen! Frohe Feste!

und aus seinem Sonett „Natur und Kunst“ in dem „Epigrammatisch“ überschriebenen Abschnitt seiner Gedichte:

In der Beschränkung zeigt sich erst der Meister.

Zu den Worten des Harfenspielers aus „Wilhelm Meister“ (Wilhelm Meister's Lehrjahre, 1. Th. 2. Buch, 13. Kap.), die gewiß so oft Trost gespendet haben, daß es nicht nöthig ist, ihren Rang als geflügelte Worte zu erweisen:

Wer nie sein Brod mit Thränen aß,
Wer nie die kummervollen Nächte
Auf seinem Bette weinend saß,
Der kennt euch nicht, ihr himmlischen Mächte!

bemerkt Goethe in den Sprüchen in Prosa:“ „Auch Bücher haben ihr Erlebtes,*) das ihnen nicht entzogen werden kann. Diese tiefschmerzlichen Zeilen wiederholte sich eine höchst vollkommene, angebetete Königin (Königin Luise von Preußen) in der grausamsten Verbannung zu gränzenlosem Elend verwiesen. Sie befreundete sich mit dem Buche, das diese Worte und noch manche schmerzliche Erfahrung überliefert, und zog daraus einen peinlichen Trost; wer dürfte diese schon in die Ewigkeit sich erstreckende Wirkung wohl jemals verkümmern?“

Noch haben wir die Bezeichnung Italiens als

das Land, wo die Citronen blühen,

zu erwähnen, nach dem von Reichardt, Andreas Ramberg

---

*) Habent sua fata libelli. (S. Register.)

und Beethoven komponirten Liede „Mignon" (Wilhelm Meister's Lehrjahre, I. 3, 1):

Kennst du das Land, wo die Citronen blühen? [15])

was Frau von Staël in „Corinna's Improvisation," 1, 3, mit: „Connaissez-vous cette terre où les oranges fleurissent?" übersetzt; aus „Der Fischer:"

Kühl bis an's Herz hinan;

und den wörtlich aus I. Mos. 5, 24 entlehnten Endvers:

Und ward nicht mehr gesehn,

welchen auch Schiller in der „Braut von Messina" anwendet, wo Don Manuel dem Chor das Geheimniß seiner Liebe enthüllt;

aus „Reinecke Fuchs:"

Pfingsten, das liebliche Fest war gekommen;

aus „Der Zauberlehrling:"

Die ich rief, die Geister,
Werd' ich nun nicht los,

und endlich:

Mit Grazie in infinitum,

wie Goethe am Ende seines Gedichtes „Frühlingsorakel" den Kuckuk seinen eigenen Namen wiederholen läßt.

Wir finden in „Stella," „Die natürliche Tochter," „Die Mitschuldigen," „Die Laune des Verliebten" u. s. w. keine Ausbeute. Wir wagen nicht zu behaupten, daß Goethe den Spruch des „Götz von Berlichingen" im 1. Akt, mit dem „der Mann mit der eisernen Hand" Weislingen's Wunsch, er möge Freude an seinem Sohn Karl erleben, erwidert:

Wo viel Licht ist, ist starker Schatten,

vor dem deutschen Volke erfunden hat.

Wir nehmen beinahe Anstand, die Worte „Egmont's,"

gegen Ende des 5. Akts, als ihm verkündet wird, daß er sterben muß:

> Süßes Leben, schöne freundliche Gewohnheit des Daseins und Wirkens! von dir soll ich scheiden!

jetzt noch als deutsches Gemeingut hinzustellen. Denn jenes treffliche Hausbuch, das vor 30 Jahren in jeder Familie gefunden wurde, obige Worte als Motto trug und sie täglich in's Gedächtniß zurückrief, „Hufeland's Makrobiotik," ist so gut wie verschwunden.

Wir glauben, daß Clärchen's, von J. F. Reichardt 1798 komponirtes Lied in „Egmont," Akt 3:

> Freudvoll
> Und leidvoll,
> Gedankenvoll sein;
> Hangen (Langen?)
> Und Bangen
> In schwebender Pein;
> Himmelhoch jauchzend,
> Zum Tode betrübt;
> Glücklich allein
> Ist die Seele, die liebt,

mehr gesungen, als citirt, und wenn citirt, deswegen citirt, weil gesungen wird.

Und trotzdem, daß man ausdrücklich auf die Worte des Carlos in „Clavigo," Akt 2, gegen Ende:

> Da macht wieder Jemand einmal einen dummen Streich,

als auf ein Citat aufmerksam gemacht hat, so nehmen wir es doch nur auf, nicht weil es schon ein Citat ist, sondern weil es bei den vielen dummen Streichen, die Du, o Sterblicher machst, nothwendigerweise eins werden muß.

„Iphigenie" bietet mehr, wie in Akt 1, Sc. 2 die Worte der Iphigenie:

> Das Wenige verschwindet leicht dem Blick,
> Der vorwärts sieht, wie viel noch übrig bleibt,

und die des Arkas:

Ein edler Mann wird durch ein gutes Wort
Der Frauen weit geführt,

vor Allem aber in Akt 1, Sc. 3 das Wort des Thoas, der auf Iphigeniens Aussage, daß sie aus dem Geschlecht des Tantalus sei, erwidert:

Du sprichst ein großes Wort gelassen aus! [16])

auch das in derselben Scene vorkommende Wort des Thoas wird oft gehört:

Man spricht vergebens viel, um zu versagen,
Der Andre hört von Allem nur das Nein.

Aus „Tasso" citiren wir den Anfang des Dramas, Leonoren's Worte, Aufz. 1, Sc. 1:

Du siehst mich lächelnd an, Eleonore,
Und siehst Dich selber an, und lächelst wieder;

und später:

Die Stätte, die ein guter Mensch betrat,
Ist eingeweiht;

aus Aufz. 1, Sc. 2:

Es bildet ein Talent sich in der Stille,
Sich ein Charakter in dem Strom der Welt,

aus Akt 2, Sc. 1:

Die Grazien sind leider ausgeblieben,

und über:

Man fühlt die Absicht und man wird verstimmt

in Akt 2, Sc. 1 siehe S. 7.

In derselben Scene finden wir das Wort Tasso's:

Erlaubt ist, was gefällt,

was wie aus Dante's „Hölle," V, 55:

libito fè licito

nachgeahmt erscheint, was aber Goethe aus Tasso selbst und zwar aus dessen Schäferspiel Aminta entnahm, worin die 2. Strophe des Chorlieds am Ende des 6. Akts mit den Worten schließt:

Sondern ein gold'nes, glückliches Gesetz,
Das die Natur schrieb: Wem's gefällt, so ziemt's,

wie überhaupt die begeisterten Worte über die goldene Zeit, die Goethe hier dem Tasso in den Mund legt, wie eine Umschreibung dieses Chorgesangs sind. — Die Prinzessin erhebt dann bei Goethe sofort den Spruch des Dichters zu dem einfach schönen:

Erlaubt ist, was sich ziemt,

wozu sie ihm den Weg durch die Worte weiset:

Willst du genau erfahren, was sich ziemt,
So frage nur bei edlen Frauen an.

In Goethe's prosaischen Schriften stammt das bekannte Wort in „Wilhelm Meister's Lehrjahre," Bch. 5, Kap. 1:

Gold'ne Aepfel in silbernen Schalen,

aus den Sprüchen Salomonis, Kap. 25, V. 11, wo es heißt:

Ein Wort, geredt zu seiner Zeit, ist wie güldene Aepfel in silbernen Schalen.

Dagegen gebührt Goethe das Verdienst, unsere Sprache mit den Worten:

Es wandelt Niemand ungestraft unter Palmen,

(Tagebuch Ottilien's in den „Wahlverwandtschaften," Thl. II, Kap. 7) und mit dem schönen Bilde

des rothen Fadens

bereichert zu haben, das er in den „Wahlverwandtschaften," Thl. II, Kap. 2, also erklärt:

„Wir hören von einer besonderen Einrichtung bei der englischen Marine. Sämmtliche Tauwerke der königlichen

Flotte, vom stärksten bis zum schwächsten, sind dergestalt gesponnen, daß ein rother Faden durch das Ganze durchgeht, den man nicht herauswinden kann, ohne Alles aufzulösen, und woran auch die kleinsten Stücke kenntlich sind, daß sie der Krone angehören.

Ebenso zieht sich durch Ottilien's Tagebuch ein Faden der Neigung und Anhänglichkeit, der Alles verbindet und das Ganze bezeichnet."

Andersen hat sich die Stelle in seinen „beiden Baronessen," Kap. 16 und Kap. 22, zu Nutze gemacht.

Als im Jahre 1813 der Ober-Wundarzt der vor Hamburg liegenden englischen Flotte, Herr John Forbes, von einer Freundin Goethe's diese Erwähnung des rothen Fadens vernahm, war seine Freude daran so groß, daß er dem Dichter als Zeichen seiner Hochachtung ein englisches Tauende schickte. Goethe wies es Riemer'n im Jahre 1814 mit großem Behagen vor.

Auch das in der letzten Hälfte des vorigen Jahrhunderts mit seinem Verwandten genial oder genialisch, wie man damals sagte, entstandene Wort:

Geniestreich

hat seine schriftstellerische Weihe durch Goethe im 20. Buche von „Wahrheit und Dichtung" gefunden, wo er kurz nach folgender Definition: „Genie ist die Kraft des Menschen, welche durch Handeln und Thun, Gesetz und Regel giebt," sagt: „Wenn Einer zu Fuße, ohne recht zu wissen warum und wohin, in die Welt lief, so hieß dies eine Geniereise, und wenn Einer etwas Verkehrtes ohne Zweck und Nutzen unternahm, ein Geniestreich."

Ferner ist das Wort Goethe's:

Es ist dafür gesorgt, daß die Bäume nicht in den Himmel wachsen,

das Motto des dritten Theils von „Wahrheit und Dichtung," ein geflügeltes Wort geworden.

In den zwei ersten Auflagen des vorliegenden Buches war auch das Motto des zweiten Theils:

Was man in der Jugend wünscht, hat man im Alter die Fülle,

fälschlich als ein Wort Goethe's aufgeführt; denn er selbst bezeichnet es im neunten Buche daselbst als ein altdeutsches Wort.

In den „Leiden des jungen Werther," B. II, unter dem 24. Dezember 1771 lesen wir den oft gebrauchten Ausdruck

Glänzendes Elend.

Die Popularität, deren sich Faust erfreut, bekundet sich auch in der verhältnißmäßig großen Menge der aus ihm gezogenen Citate. Am Ausgiebigsten ist von den Scenen die Schülerscene und von den Charakteren die Person des Mephistopheles, demnächst die des Faust selbst, wie man aus dem nachfolgenden Verzeichniß ersehen mag.

Vorspiel auf dem Theater.

Direktor: (Zwar sind sie an das Beste nicht gewöhnt,
Allein) sie haben schrecklich viel gelesen.

Dichter: Was glänzt, ist für den Augenblick geboren,
Das Aechte bleibt der Nachwelt unverloren.

Direktor: Wer Vieles bringt, wird Manchem Etwas bringen.

Lustige Person: Greift nur hinein in's volle Menschenleben,
Und wo ihr's packt, da ist's interessant.

Lustige Person: Wer fertig ist, dem ist nichts recht zu machen,
Ein Werdender wird immer dankbar sein.

Direktor: Der Worte sind genug gewechselt,
Laßt mich auch endlich Thaten seh'n.

Prolog im Himmel.

Der Herr: Es irrt der Mensch, so lang' er strebt.

Der Herr: Ein guter Mensch, in seinem dunkeln Drange
Ist sich des rechten Weges wohl bewußt.

Faust. Erster Theil.

Studirzimmer.

Geist: (So schaff' ich) am sausenden Webstuhl der Zeit.

Faust: Wenn ihr's nicht fühlt, ihr werdet's nicht erjagen.

Wagner: (Und) wie wir's dann so herrlich weit gebracht.

Wagner: Zwar weiß ich viel, doch möcht' ich Alles wissen.

Faust: Was du ererbt von deinen Vätern hast,
Erwirb es, um es zu besitzen.

Faust: Die Botschaft hör' ich wohl, allein mir fehlt der Glaube,
Das Wunder ist des Glaubens liebstes Kind.

Vor dem Thor.

Ein Bürger: — — Hinten, weit, in der Türkei.

Faust: — ein dunkler Ehrenmann.

Faust: (O glücklich, wer noch hoffen kann,
Aus diesem Meer des Irrtums aufzutauchen.)
Was man nicht weiß, das eben brauchte man,
Und was man weiß, kann man nicht brauchen.

Faust: Zwei Seelen wohnen, ach! in meiner Brust.

Faust: (Du hast wohl Recht;) ich finde nicht die Spur
Von einem Geist und Alles ist Dressur.

Studirzimmer.

Faust (als sich der Pudel in Mephistopheles verwandelt):
Das also war des Pudels Kern!

Mephistopheles: (Ich bin) der Geist, der stets verneint.

Mephist.: Du bist noch nicht der Mann, den Teufel festzuhalten.

Mephist.: Blut ist ein ganz besondrer Saft.

Mephist.: Ich sag' es dir: ein Kerl, der spekulirt,
Ist wie ein Thier, auf dürrer Haide
Von einem bösen Geist im Kreis herumgeführt,
Und rings umher liegt schöne, grüne Weide.

Mephist.: In spanische Stiefeln eingeschnürt.

Schüler: Mir wird von alle dem so dumm,
Als ging mir ein Mühlrad im Kopf herum.

Schüler: Denn was man schwarz auf weiß besitzt,
Kann man getrost nach Hause tragen.

Mephist.: Es erben sich Gesetz' und Rechte
Wie eine ew'ge Krankheit fort.

Mephist.: Im Ganzen haltet euch an Worte.

Mephist.: Denn eben wo Begriffe fehlen,
Da stellt ein Wort zur rechten Zeit sich ein.

Mephist.: Der Geist der Medizin ist leicht zu fassen;
Ihn durchstudirt die groß' und kleine Welt,
Um es am Ende geh'n zu lassen,
Wie's Gott gefällt.

Mephist.: Besonders lernt die Weiber führen;
Es ist ihr ewig Weh und Ach
So tausendfach
Aus einem Punkte zu kuriren.

Schüler: Das sieht schon besser aus! Man sieht doch wo und wie?

Mephist.: Grau, theurer Freund, ist alle Theorie,
Und grün des Lebens gold'ner Baum.

Auerbach's Keller.

Brander: Hat sich ein Ränzlein angemäst't
Als wie der Doktor Luther.

Mephist.: (Mit) wenig Witz und viel Behagen
(Dreht Jeder sich im engen Zirkeltanz,
Wie junge Katzen mit dem Schwanz.)

Frosch: — — — Mein Leipzig lob ich mir!
Es ist ein klein Paris und bildet seine Leute.

Mephist.: Den Teufel spürt das Völkchen nie,
Und wenn er sie am Kragen hätte.

Frosch: Denn wenn ich judiciren soll,
Verlang' ich auch das Maul recht voll.

Brander: Ein echter deutscher Mann mag keinen Franzen leiden,
Doch ihre Weine trinkt er gern.

Die singenden Studenten im Chorus:

Uns ist ganz kannibalisch wohl,
Als wie fünfhundert Säuen.

Hexenküche.

Mephist.: Ein stiller Geist ist Jahre lang geschäftig;
Die Zeit nur macht die feine Gährung kräftig.

Mephist.: (Auch) die Kultur, die alle Welt beleckt,
(Hat auf den Teufel sich erstreckt.)

Mephist.: Den Bösen sind sie los, die Bösen sind geblieben.

Mephist.: Dies ist die Art, mit Hexen umzugeh'n.

Mephist.: (Denn) ein vollkommener Widerspruch
Bleibt gleich geheimnißvoll für Kluge wie für Thoren.

Mephist.: Gewöhnlich glaubt der Mensch, wenn er nur Worte hört,
Es müsse sich dabei doch auch was denken lassen.

Straße.

Faust: Mein schönes Fräulein, darf ich wagen,
Meinen Arm und Geleit ihr anzutragen?

Mephist.: Gleich schenken? Das ist brav! Da wird er reüssiren.

Martha's Garten.

Faust: Name ist Schall und Rauch,
Umnebelnd Himmelsglut.

Faust: Es muß auch solche Käuze geben. 17)

Faust: Du hast nun die Antipathie!

Mephist.: Die Mädels sind doch sehr interessirt,
Ob Einer fromm und schlicht nach altem Brauch.
Sie denken, duckt er da, folgt er uns eben auch.

Walpurgisnacht.

Mephist.: (Platz! Junker Voland kommt. Platz!) süßer Pöbel.
(Platz!)

Mephist.: Die Müh' ist klein, der Spaß ist groß.

Mephist.: Du glaubst zu schieben und du wirst geschoben.

Feld.

Mephist.: Sie ist die erste nicht.

Kerker.

Gretchen: Heinrich, mir graut's vor dir!

Faust. Zweiter Theil.

Schlußworte: Das Ewig-Weibliche
Zieht uns hinan.

Die beiden Werke **Lessing**'s, aus denen vorzugsweise citirt wird, sind „Emilia Galotti“ und „Nathan der Weise.“

Die Kunst geht nach Brod

begegnet uns gleich im Anfang der 2. Scene des 1. Aufzugs von „Emilia Galotti.“ Dann ist aus der 4. Scene dieses Akts das ebenso bekannte als schöne Wort:

Weniger wäre mehr

durch Wieland's Vermittlung entstanden, welcher im Neujahrswunsche der Zeitschrift „Merkur“ von 1774 den Ausspruch des Prinzen:

Nicht so redlich wäre redlicher

zuerst folgendermaßen umformte:

Und minder ist oft mehr, wie Lessing's Prinz uns lehrt.

Das in verschiedenen Wendungen oft wiederholte Wort:

Raphael wäre ein großer Maler geworden, selbst wenn er ohne Hände auf die Welt gekommen wäre,

lautet an seiner Stelle in derselben Scene also:

Oder meinen Sie, Prinz, daß Raphael nicht das größte malerische Genie gewesen wäre, wenn er unglücklicherweise ohne Hände wäre geboren worden?

Aus Akt 2, Sc. 3 stammt:

Thu', was du nicht lassen kannst,

worin sich Lessing mit Schiller begegnet. (Siehe S. 32.)

Perlen bedeuten Thränen,

aus Akt 2, Sc. 7 und Sc. 8, vielleicht schon vor Lessing

vorhanden, ist durch ihn gewiß vor dem Vergessen gerettet worden.

Aus Akt 4, Sc. 7 ist das Akt 5, Sc. 5 wiederholte:

Wer über gewisse Dinge den Verstand nicht verliert, der hat keinen zu verlieren

zu erwähnen. — Gewiß hat häufig vor Lessing: „Das ist wider die Verabredung" gesagt werden können. Wenn heute jedoch belesene Leute es unter der Absicht eines Citats aus Akt 4, Sc. 7 anwenden, so werden sie gebeten, es in der richtigen Form zu thun:

(Ha, Frau,) Das ist wider die Abrede.

Vielleicht hat Schiller — gar nicht daran gedacht, als er in „Kabale und Liebe," Akt 2, Sc. 3, Ferdinand sagen ließ:

Das ist wider die Abrede, Lady.

Endlich stammt aus Akt 5, Sc. 2 unseres Stücks das

Hohngelächter der Hölle,

und aus Akt 5, Sc. 6:

Wer lacht da? (Bei Gott, ich glaub', ich war es selbst.)

„Nathan der Weise" enthält, Aufz. 1, Sc. 2:

Nathan: Es ist Arznei, nicht Gift, was ich dir reiche,

wobei ein Lessing wohl wußte, daß er Romeo's Worte in „Romeo und Julie," Akt 5, Sc. 2:

Come cordial, not poison,
Komm Medizin, nicht Gift,

verpflanzte und veredelte; und Aufz. 1, Sc. 3:

Nathan: Kein Mensch muß müssen (und ein Derwisch müßte?)

Lessing selbst hat seine Freude an diesem Wort gehabt; denn er citirt es in demselben Nathan noch einmal, Aufz. 3, Sc. 10:

Daja: (Der Vater soll schon müssen.
Tempelherr: Müssen, Daja?
Noch ist er unter Räubern nicht gefallen.)
Er muß nicht müssen.

Beherzigenswerth sind die Worte Nathan's in Akt 2, Sc. 5:

Nur muß der Eine nicht den Andern mäkeln,
Nur muß der Knorr den Knubben hübsch vertragen.
Nur muß ein Gipfelchen sich nicht vermessen,
Daß es allein der Erde nicht entschossen.

In Aufz. 3, Sc. 7 finden wir:

Betrogene Betrüger,

was nicht allein bereits in etwas längerer Form Cervantes im „Don Quixote," B. 2, K. 33, gesagt hatte, sondern was schon den Alten bekannt war;*) in Aufz. 4, Sc. 2 das dreimal wiederholte Wort des Patriarchen:

Thut nichts, der Jude wird verbrannt,

und in Aufz. 4, Sc. 4:

Es sind
Nicht Alle frei, die ihrer Ketten spotten.

Aus der „Hamburgischen Dramaturgie," 101—104tes Stück stammt:

Seines Fleißes darf sich Jedermann rühmen.

Endlich führen wir aus seinem Aufsatz: „Daß mehr als fünf Sinne für den Menschen sein können" (Lachmann'sche Ausgabe, B. 11, S. 458) die Stelle: „Wenn die Natur nirgends einen Sprung thut, so wird auch die Seele alle unteren Staffeln durchgegangen sein, ehe sie auf die gekommen, auf welcher sie sich jetzt befindet," deswegen an, weil hierin der gewiß schon vor Lessing aufgestellte Spruch enthalten ist:

Die Natur macht keinen Sprung.

Auch soll folgende Kritik eines neuen Buches:

Das Neue davon ist nicht gut, und das Gute nicht neu,

von Lessing sein.

---

*) Siehe Porphyrius über das Leben des Plato, 16.

Herder verdanken wir aus „Der gerettete Jüngling:“

Eine schöne Menschenseele finden
Ist Gewinn;

aus „Der wiedergefundene Sohn:“

Was die Schickung schickt, ertrage!
Wer ausharret, wird gekrönt;

und aus dem „Cid,“ Gesang 28:

Rückwärts, rückwärts, Don Rodrigo!
Deine Ehre ist verloren!
Rückwärts, rückwärts, stolzer Cid!

Aus **Wieland's** „Oberon“ I, 1 citiren wir den

Ritt in das alte romantische Land,

zu wenig jedoch das feine Wort in „Oberon,“ V, 30:

Nichts halb zu thun ist edler Geister Art,

und aus „Idris und Zenide,“ 3, 10:

Ein Wahn, der mich beglückt,
Ist eine Wahrheit werth, die mich zu Boden drückt,

wozu **Gray's** Wort aus: „On the prospect of Eton College“:

— *Where ignorance is bliss,*
't is folly to be wise.

Wo Unwissenheit Seligkeit ist,
Ist es eine Thorheit, klug zu sein,

eine hübsche Parallele bildet.

Vermutlich aber ist **Wieland** durch seine Worte im „Musarion,“ V. 135:

Die Herren dieser Art blend't oft zu vieles Licht;
Sie seh'n den Wald vor lauter Bäumen nicht,

der Schöpfer der Redensart:

Den Wald vor lauter Bäumen nicht sehen,

geworden, und vielleicht bestätigt Blumauer diese Autorschaft Wieland's durch folgenden Reim in der travestirten „Aeneide," B. 2, Str. 9:

Er sieht oft, wie Herr Wieland spricht,
Den Wald vor lauter Bäumen nicht.

Auch hat Wieland, der erste Uebersetzer Shakespeare's in Deutschland, das in Shakespeare's „Maß für Maß," Akt 5, Sc. 1, vorkommende

tooth of time

durch wiederholtes Citiren, z. B. in den „Abderiten," B. 4, K. 12, unter der Form:

Zahn der Zeit

in die deutsche Sprache eingeführt, obgleich diese Zähne des großen Nagethiers auch dem Ovid schon bekannt waren (Metamorph. 15, 234).

Der viel angewendete Spruch:

Saat, von Gott gesäet, dem Tage der Garben zu reifen,

den **Klopstock** auf das Grab seiner Meta in Ottensen bei Altona setzen ließ, ist der 845. Vers des 11. Gesangs der „Messiade," und erinnert an die Worte der Ode: „Die Glückseligkeit Aller:"

Wenn dem Tage der Garben zu reifen
Gesäet ist meine Saat u. s. w.

Das Wort:

Des Schweißes der Edlen wert

steht in seiner Ode „An den Züricher See."

Hans Sachs ist der Erfinder vom

Schlaraffenland

oder vielmehr, wie er schrieb, „Schlauraffenland." Das Gedicht, welches diesen Titel führt, beschenkte unsere Sprache mit den

Gebratenen Tauben, die Einem ins Maul fliegen,

in folgenden Versen:

Auch fliegen umb (mlget ihr glauben,)
Gebrat'ne Hühner, Gäns' und Tauben,

Wer sie nicht fecht (fängt), und ist so faul,
Dem fliegen sie selbs in das Maul,

was Goethe in den „Sprüchen in Reimen" lustig also übertreibt:

Wer aber recht bequem ist und faul,
Flög' dem eine gebratene Taube in's Maul,
Er würde höchlich sich's verbitten,
Wär' sie nicht auch geschickt zerschnitten.

Luther figurirt in dem Citatenschatz der Deutschen mit mehreren dem Katechismus entnommenen Worten. Im dritten Hauptstück heißt es: „Vater unser, der du bist im Himmel. — Was ist das? Gott will uns damit locken, daß wir glauben sollen, er sei unser rechter Vater." Hiernach ist:

Er will uns damit locken

eine weitverbreitete alltägliche Redensart geworden. Aus dem vierten Hauptstück stammen:

Matthäi am Letzten,

d. h. im letzten Kapitel des Matthäus, was bekanntlich in der volksthümlichen Wendung: „Matthäi am letzten sein," die Bedeutung: „seinem Ende oder seinem Verderben nahe sein" hat, und:

Wasser thut's freilich nicht.

Die fast noch mehr verbreitete Wendung:

Die Geister platzen aufeinander

steht in Luther's auf das Münzersche Treiben in Altstadt bezüglichem Briefe (vom 21. August 1524) „an die Fürsten zu Sachsen von dem aufrürischen Geiste," Erlanger Ausgabe, Bd. 53, Nr. 108, S. 255 ff., in der Form: „Man laß die Geister auf einander platzen und treffen."

Auch wird ziemlich allgemein, doch ohne jegliche sichere Gewähr, auf Luther der Reim zurückgeführt:

Wer nicht liebt Wein, Weib und Sang,
Der bleibt ein Narr sein Leben lang.

Selbst das Kirchenlied giebt Ausbeute, dem Städter weniger, den Landleuten mehr; Beiden aber ist geläufig:

Laß fahren dahin

aus Luther's „Eine feste Burg ist unser Gott."

Wo bist du, Sonne, (ge)blieben?

aus **Paul Gerhardt**'s: „Nun ruhen alle Wälder;" der Anfang eines Weihnachtslieds von **Petrus Dresdensis:**

In dulci jubilo

und ein anderer Liederanfang:

Wo du nicht bist, Herr Jesu Christ. [18])

Kantor Schwerin in Altenhausen bei Erxleben, ein wackrer Sammler, hat aber den Bauer besser belauschen können, welcher nach seinen freundlichen Mittheilungen aus Kirchenliedern, z. B. nach Schluß einer Festlichkeit: „Abermals ist Eins dahin;" wenn er das Getreide einfährt, den Anfang eines Liedes von Georg Weissel: „Macht hoch die Thür, die Thor' macht weit;" bei Tanzmusiken aus Joachim Neander's „Lobe den Herren" den Vers: „Lasset die Musikam hören;" bei Anfang der Arbeit Paul Gerhardt's: „Nun laßt uns geh'n und treten;" um einen Trotzkopf zu warnen: „Xerxes verließ sich auf sein Heer" aus: „Allein auf Gott setz' dein Vertrauen;" nach gelungener Arbeit Paul Gerhardt's: „Wach auf, mein Herz, und singe" citirt.

Seume liefert außer dem S. 7 angeführten noch aus dem Gedichte „Der Wilde:"

(Ein Kanadier, der noch) Europens
Uebertünchte Höflichkeit (nicht kannte);

ferner den vorletzten Vers:

(Seht,) wir Wilden sind doch bess're Menschen,

und den letzten:

Und er schlug sich seitwärts in die Büsche.

Bürger, über den schon S. 10 gesprochen ist, enthält in „Die Weiber von Weinsberg:“

O weh, mir armen Korydon!

eine Klage, die sich ursprünglich auf den in unerwiderter Liebe zum schönen Alexis hinschmachtenden Schäfer Korydon in Virgil's zweiter Ekloge bezieht. Daß der arme Korydon schon im Altertum ein Citat war, sieht man aus der 9. Satire des Juvenal, V. 102. Auch kommt der arme Korydon in Herder's Gedicht „Das Schachspiel“ vor.

Ein bekanntes Wort desselben Dichters ist sein „Trost:“

Wenn dich die Lästerzunge sticht,
So laß dir dies zum Troste sagen:
Die schlechtsten Früchte sind es nicht,
Woran die Wespen nagen.

Den 6. Vers der 20. Strophe in Bürger's „Leonore:“

Die Todten reiten schnell!

citiren wir freilich nach Bürger; aber gerade diese Stelle ist nicht Bürger's Erfindung, sondern (nach Althof, „Leben Bürger's,“ Göttingen, 1798, S. 37) aus dem Munde eines Bauermädchens entnommen, das er einst im Mondschein singen hörte:

Der Mond, der scheint so helle,
Die Todten reiten so schnelle,
Fein's Liebchen graut dir nicht?

Diese wenigen Worte hätten ihm nie wieder aus dem Sinn gewollt, und aus ihnen hätte sich nach und nach das gewaltige Lied „Leonore“ gestaltet. — Man hat das Letztere bestritten und alte deutsche und englische Originale des Gedichtes nachzuweisen sich bemüht. Daher ist aus Herder's Recension, Bd. 20, S. 405 des Althof'schen Buches beachtenswerth, daß er, Herder, in seiner Kindheit in einer Weltecke in Ostpreußen, oft habe ein Zaubermärchen erzählen hören, „in dem der Refrain (und zwar mit einer Antwort vermehrt) gerade die Strophe war, die Bürger singen hörte. Der Geliebte nämlich reitet mit der Geliebten in einer kalten, mondhellen Winternacht und spricht, je weiter sie kommen, wiederholt sie an:

Der Mond scheint hell,
Der Tod reit't schnell,
Feinsliebchen grauet dir?

worauf sie antwortet:

Und warum sollt' mir's grauen?
Ist doch Feinslieb mit mir."

In Edmont About's „le Cas de M. Guérin," letztes Kapitel, wird das Wort so citirt: „Les morts vont vite! comme dit le poëte allemand."

In Nekrologen wird häufig benutzt das in dem Liede des wackeren **Claudius**, des Wandsbecker Boten, „Bei dem Grabe meines Vaters" zweimal vorkommende:

Ach, sie haben
Einen guten Mann begraben
(Und mir war er mehr).

Ebenso wird häufig citirt der Anfangsvers seines Liedes:

Wenn Jemand eine Reise thut,
So kann er was erzählen.

Gellert hat uns veranlaßt, zur Bezeichnung einer gern widersprechenden Frau uns aus seiner Fabel (B. 1): „Die Widersprecherin," das Wort:

Der Hecht, der war doch blau

zurecht zu machen, welches in dieser Form nicht darin vorkommt. Es handelt sich in dieser Fabel darum, ob ein Hecht zu blau oder zu wenig blau gesotten ist; dem Hausherrn ist er's zu wenig, der Hausfrau zu sehr. Da Jener bei seiner Meinung beharrt, so fällt Ismene darob in Ohnmacht, aus der sie Nichts zu erwecken vermag. Ihr Tod scheint gewiß. Der tiefbetrübte Mann bricht in die Klage aus:

„Wer hieß mich Dir doch widerstreben,
Ach! der verdammte Fisch! Gott weiß, er war nicht blau!"
Den Augenblick bekam sie wieder Leben.
„Blau war er!" rief sie aus, „willst Du Dich noch nicht geben?"

Daß das Lob, mit dem derselbe Dichter sein Gedicht „Der Greis" (B. 1) schließt:

(Er ward geboren,)
Er lebte, nahm ein Weib und starb,

so bekannt geworden ist, ist erklärlich; dieser Vers faßt ja den ganzen Inhalt so manchen Lebens zusammen. Ob hierbei unserm Gellert das Epigramm des Chr. Gryphius vorschwebte, welches unter dem Titel „Grabschrift" lautet:

Ein Mann von sechzig Jahren ward in dies Grab gesetzt,
Er ward zur Welt geboren, aß, trank, schlief, starb zuletzt?

Auch die Schlußverse aus Gellert's „Der sterbende Vater" (B. 2.), worin der Vater dem ältesten Sohn ein Juwelenkästchen, dem Jüngeren Nichts vermacht:

Für Jörgen ich mir gar nicht bange,
Der kommt gewiß durch seine Dummheit fort,

verdienen hier ein Plätzchen. Ebenso werden aus „Das junge Mädchen" (B. 2) die

Vierzehn Jahr' und sieben Wochen,

womit dieselbe eine irrige Angabe ihres Vaters verbessert, als dieser ihre vierzehn Jahre als Einwand gegen einen Eheschluß anführt, so wie aus „Die Frau und der Geist" B. 2:

Die Nacht ist keines Menschen Freund,

citirt. Auch ist eine Travestie seines Liedes:

Mein erst Gefühl sei Preis und Dank [19])

weit verbreitet.

Aus seinem Liede „Zufriedenheit mit seinem Zustande" sind die Verse:

Genieße, was dir Gott beschieden,
Entbehre gern, was du nicht hast, [20])

namentlich dadurch in den Mund der Leute gekommen, weil dies Lied, dessen Anfang: „Du klagst und fühlest die Beschwerden des Stands, in dem du dürftig lebst" lautet, in mehrere Gesangbücher, in das Berliner Gesangbuch unter Nr. 585, und recht sehr verändert, übergegangen ist. Ebenso häufig citirt werden die gleich darauf folgenden Verse:

Ein jeder Stand hat seinen Frieden,
Ein jeder Stand hat seine Last.

Auch wird aus seinem Liede: „Vom Tode," welches beginnt: „Meine Lebenszeit verstreicht," der Anfang der zweiten Strophe oft genannt:

Lebe, wie Du, wenn Du stirbst,
Wünschen wirst, gelebt zu haben. [21])

Voltaire spricht in den 1764 geschriebenen Gesprächen zwischen Cü-Sü und Kou denselben Grundsatz also aus: Vis, comme en mourant tu voudrais avoir vécu.

v. Chamisso's:

Der Zopf, der hängt ihm hinten,

ist ebenso bekannt wie sein:

Das ist die Zeit der schweren Noth,

was zuerst in einem im Juni 1813 von unserem Dichter an Hitzig, den Herausgeber des neuen Pitaval, aus Kunersdorf geschriebenen und von Fontane (Wanderungen durch die Mark; Th. II, Kunersdorf) mitgetheilten Briefe vorkommt, wo es heißt: „Gott verzeihe mir meine Sünde, aber es ist wahr:

Das ist die schwere Zeit der Noth,
Das ist die Noth der schweren Zeit,
Das ist die schwere Noth der Zeit,
Das ist die Zeit der schweren Noth.

Da hast Du ein Thema." — Diese vier Zeilen führen in den Werken v. Chamisso's jetzt den Titel: „Kanon" und die offenbar falsche Jahreszahl 1828.

Das von **Pius Alex. Wolff** gedichtete und von Carl Maria von Weber komponirte Drama „Preciosa“ (Berlin, 1823, Duncker und Humblot; neue Auflage: Leipzig, 1865, Wolfgang Gerhard) enthält eine reiche Zahl populär gewordener Worte, wie in Akt 1, Sc. 5:

Herrlich! Etwas dunkel zwar —
Aber's klingt recht wunderbar,

und gegen Ende der Scene:

Leb' wohl, Madrid! (Nie wende sich dein Glück!)

Der in Akt 2, Sc. 1 enthaltene Reim:

Wird man wo gut aufgenommen,
Muß man ja nicht zweimal kommen,

lautet als stehendes Citat viel gefälliger so:

Wird man wo gut aufgenommen,
Muß man nicht gleich wiederkommen.

Gleich darauf heißt es zweimal:

Nach Valencia!

wie auch öfters in Akt 4, Sc. 12, wo auch das eigentlich citirte:

Auf (denn) — nach Valencia!

steht, womit man aus Herder's „Cid,“ Gesang 49, vergleichen kann:

Auf, in's Feld! Es geht zum Sieg,
Krieger, gen Valencia!

Akt 2, Sc. 2 enthält Preciosa's Gesang:

Einsam bin ich, nicht alleine.

Aus Akt 3, Sc. 2 sind die Worte des einbeinigen Pedro (der

auf der großen Retirade

sein Bein verloren hat):

Peter des Plaisirs

für maître de plaisir, und:

Thut nichts, könnt's noch öfter hören;

sowie aus der 3. und 8. Scene sein

Donnerwetter Parapluie!

bis in die Tiefe des Volks hinabgestiegen. Die entsprechende Stelle der 3. Scene lautet:

Pedro: Parapluie!
Ambrosio: Flucht nicht so gräßlich!
Pedro: Donnerwetter!

Denn Pedro spricht gern in wälschen, von ihm mißverstandenen Wörtern, und so wird auch jenes Parapluie von ihm aus parbleu verzerrt.

Fr. Kind, dessen wir später noch als Verfasser des Libretto zum Freischützen zu gedenken haben, ist zu nennen wegen:

Komm doch näher, liebe Kleine,

aus seinem Gedicht: „Der Christabend" und wegen:

Zwischen Lipp' und Kelchesrand
Schwebt der finstern Mächte Hand,

aus seinem einem antiken Stoffe nachgearbeiteten Gedichte „Ankäos." *)

---

*) Das letztere Wort ist die freie Uebersetzung des von Aulus Gellius „Attische Nächte," 13, 17 mitgetheilten griechischen Spruchs:

πολλὰ μεταξὺ πελεὶ κύλικος καὶ χείλεος ἄκρου,

der in seiner lateinischen Form:

Multa cadunt inter calicem supremaque labra,

viel bekannter und bei den Engländern in der Form:

There is many a slip
'twixt cup and lip

sprichwörtlich ist.

Aus **Grillparzer's** „Ahnfrau" stammen drei Citate. Das eine:

> Den Jüngling ziert Bescheidenheit,

ist eine Entstellung der Worte gegen Ende des ersten Aufzugs:

> Ziert Bescheidenheit den Jüngling,
> Nicht verkenn' er seinen Wert.

Das zweite ist aus Akt 3:

> Ja, ich bin's, du Unglücksel'ge,
> Bin der Räuber Jaromir;

auch dieses ist verändert, da zwischen beiden Versen 13 andre des ursprünglichen Textes weggelassen werden. Aus seinem 1848 mit Begeisterung im deutschen Oesterreich aufgenommenen Gedicht „Radetzky" stammt das im Norden kaum bekannte, in Oesterreich populäre Wort:

> In deinem Lager ist Oesterreich.

Heine hat mehrere Worte zum Nationalreichtum hinzugethan; aus dem „Buch der Lieder" Nr. 8:

> Aber fragt mich nur nicht wie?

aus dem „lyrischen Intermezzo" Nr. 1 in demselben:

> Im wunderschönen Monat Mai
> Wo alle Knospen sprangen,

eben daselbst Nr. 9:

> Auf Flügeln des Gesanges;

und ferner Nr. 39:

> Es ist eine alte Geschichte,
> Doch bleibt sie immer neu.

> Kein Talent, doch ein Charakter,

ist aus „Atta Troll," Kap. 24;

> Ich weiß nicht, was soll es bedeuten,
> Daß ich so traurig bin.
> Ein Märchen aus alten Zeiten,
> Das will mir nicht aus dem Sinn, [22])

aus der von Silcher komponirten „Loreley," und

Du hast Diamanten und Perlen,

sowie

Mein Liebchen, was willst du mehr?

aus dem 62. Liede der „Heimkehr," das von Stigelli komponirt worden ist. — Den Endvers des **Herwegh**'schen Gedichtes „Aus der Fremde:"

Das arme Menschenherz muß stückweis brechen,

hat das deutsche Volk ebenfalls in den Schatz seiner Lieblingsworte aufgenommen. Auch der Titel seines Gedichts:

Der Freiheit eine Gasse,

wird oft citirt; jedoch hat **Theodor Körner** zuerst das Wort in seinem „Aufruf" (Frisch auf, mein Volk, die Flammenzeichen rauchen) angewendet, wo es den Anfang des vorletzten Verses der 1. Strophe bildet.

Es folgen nun Schriftsteller, die, wie Körner, nur Ein Wort zu dem Citatenschatz der Nation beigesteuert haben.

Schon **Heinrich v. Laufenberg**, der zwischen 1415 und 1458 Dekan zu Freiburg im Breisgau war, fängt „Priameln" mit der Redewendung an:

einen Bock zum Gärtner setzen.

Seine Priameln, eine Art lehrhafter Sprüche, lauten, in's Hochdeutsche übertragen:

Wer einen Bock zum Gärtner setzt,
Und Schaf' und Zieg' auf Wölfe hetzt,
Und Zähne stochert mit einem Scheit,
Und Hunden Bratwürste zu bewahren beut,
Und gute Kost würzet mit Asche,
Und sein Geld legt in durchlöcherte Tasche,
Und in eine Reusse gieß't Wein:
Der dünkt mich nicht recht klug zu sein.

Mit Einem Worte ist **Ramler** an unserm Citatenschatz betheiligt, nämlich mit den Anfangsworten seiner Ode „Der Triumph:"

Schäme dich, Kamill,
(Daß du mit vier Sonnenpferden
In dein errettetes Rom zogst!)

in welcher er Friedrich den Großen feierte, weil er am 30. März 1763 nach dem Friedenschlusse dem festlichen Empfange der Berliner aus dem Wege gegangen war.

Aus **Blumauer**'s „Virgil's Aeneis travestirt," Bd. 2, Strophe 54 stammen die Worte des seine Gemalin vermissenden Aeneas:

> Kreusa! — Schatzkind! — Rabenvieh!
> Wo hat dich denn der Teufel?

obwohl wir textmäßig den letzteren Vers vor den ersteren citiren müßten.

Dasjenige Dichterwort aber, welches von dem Theil des Publikums, welcher überhaupt citirt, wohl am frühesten in den Mund genommen wird, gehört **Gleim**; denn die Endverse seiner Fabel „Der Löwe und der Fuchs:"

> (Denn) was ein Esel von mir spricht,
> Das acht' ich nicht,

sind schon Schulkindern ganz geläufig.

Das schöne Motto der Briefe Rahel's:

> Still und bewegt,

ist entlehnt aus **Hölderlin**'s „Hyperion," Buch 2, Brief 2:

> Wie der Sternenhimmel, (bin ich) still und bewegt.

Während **Pfeffel** mit dem Anfangsverse seiner 1782 gedichteten „Türkenpfeife:"

> (Gott grüß' Euch, Alter!) Schmeckt das Pfeifchen?

ein spezielles Citat füt deutsche Raucher geschaffen hat, giebt uns **Lichtwer** mit dem Endverse seines Gedichtes: „Die Katzen und der Hausherr:"

> Blinder Eifer schadet nur

eine moralische Lektion.

Das Wort **von Haller**'s im Gedicht „Falschheit menschlicher Tugenden:"

> In's Inn're der Natur dringt kein erschaff'ner Geist;
> Zu glücklich, wem sie noch die äuß're Schale weist,

ist trotz des heftigen Protestes Goethe's gegen diese Behauptung in seinen Gedichten „Allerdings" und „Ultimatum" geblieben.

Christian Fürchtegott Fulda, Lehrer am Pädagogium zu Halle, ist durch einen seiner besten Spottverse gegen Schiller's und Goethe's Xenien:

Die neumodigen Distichen.

— ◡ ◡ — — — — — ◡ ◡ — ◡ — —

In Weimar und in Jena macht man Hexameter wie der,

— ◡ ◡ — ◡ ◡ — — ◡ ◡ —

Aber die Pentameter sind doch noch excellenter,

nicht einmal eigentlich bekannt geworden; denn beharrlich wird Voß als der Autor dieses Distichons genannt, welcher in „Trogalien (Dessert) zur Verdauung der 'Xenien.' Kochstädt, zu finden in der Speisekammer, 1797" zu finden ist; **Voß** ist dagegen zu nennen wegen des in „Luise," Idylle 1, V. 282, vorkommenden:

Willkommen im Grünen,

das zugleich der Anfang eines von Voß gedichteten, im Musen-Almanach 1788 erschienenen früher viel gesungenen Liedes ist.

Aus **Kortüm's** „Jobsiade" haben wir der im 19. Kapitel des ersten Theils bei den wunderlichen Antworten des Examinanden, der keinen andern „Bischof" kennt, als das gleichnamige Getränk, keinen andern „Augustin" als den gleichnamigen Pedell, keinen andern „Engel" als den blauen u. s. w., stets wiederkehrenden Strophe zu gedenken:

Ueber diese Antwort des Kandidaten Jobses
Geschah allgemeines Schütteln des Kopfes;
(Der Inspektor sprach zuerst: hem! hem!
Darauf die Andern secundum ordinem.)

Die Bezeichnung einer unmöglichen Existenz durch:

Messer ohne Klinge, an welchem der Stiel fehlt,

verdanken wir dem Satiriker **Lichtenberg**, der im Göttingenschen Taschenkalender von 1798 ein „Verzeichniß einer

Sammlung von Gerätschaften, welche in dem Hause des Sir H. S. künftige Woche öffentlich verauktionirt werden sollen," angeblich „nach dem Englischen" mittheilt, in welchem Verzeichniß unser Wort den ersten Auktionsartikel bildet. Lichtenberg behauptet, dieses Verzeichniß in einer Privatbibliothek in England auf den hinteren weißen Blättern eines Bandes von Swift gefunden zu haben. Der Besitzer der Bibliothek, fügt er hinzu, habe ihn versichert, daß es aus einem öffentlichen Blatte genommen und eine Satire auf einen damals gerade gestorbenen reichen, aber unwissenden Naturalien- und Raritätensammler sei, der mit ungeheurem Aufwande eine Menge des unnützesten Plunders in seinem Kabinet aufgespeichert habe. (Lichtenberg's vermischte Schriften, Göttingen 1845, Bd. 6, S. 164.)

Müllner's Worte in der „Schuld," Akt 2, Sc. 5:

(Und) erklärt mir, Oerindur,
Diesen Zwiespalt der Natur!
(Bald möcht' ich im Blut sein Leben
Schwinden seh'n, bald — ihm vergeben)

hat der Volksmund also umgestaltet:

Wer erklärt mir, Oerindur,
Diesen Zwiespalt der Natur?

Aus **Langbein**'s Gedicht: „Die Wehklage," Strophe 1, stammt:

Schon sieben — und Georg nicht hier!

Friedrich **v. Stolberg** hat uns mit dem Verse beschenkt:

Sohn, da hast du meinen Speer;

Luise Brachmann mit dem ersten Verse ihres Gedichts „Columbus:"

Was willst du, Fernando, so trüb und bleich?

Tiedge mit den durch und durch Volkseigentum gewordenen Versen aus seiner „Urania," Gesang 4, V. 223 und 224:

Getheilte Freud' ist doppelt Freude,
Getheilter Schmerz ist halber Schmerz.

Auch **von Platen** liefert nur Ein Wort, nur

Eins; aber es ist ein Löwe,

wie wir an Anlehnung an die 316. Fabel Aesop's: „Eine Löwin, von einer Füchsin geschmält, weil sie im Ganzen nur Ein Junges gebäre, erwiderte: Eins, aber einen Löwen," zu sagen pflegen. Unsers Dichters Wort aus „Flucht der Jugend" lautet:

So viel Arbeit um ein Leichentuch?.

Halm (Freiherr von Münch-Bellinghausen) giebt uns aus dem 1842 geschriebenen Drama: „Der Sohn der Wildniß:"

Zwei Seelen und ein Gedanke,
Zwei Herzen und ein Schlag. [23])

(zwei Zeilen des von Kücken komponirten Liedes: „Mein Herz, ich will Dich fragen.")

Man ist vielleicht verwundert, auch dem von Hauff so gegeißelten Verfasser der „Mimili," **H. Clauren** (Carl Heun) hier zu begegnen. Und gewiß steigert sich die Verwunderung noch, wenn wir erfahren, daß das so oft citirte:

Der König rief, und Alle, Alle kamen,

der Anfang eines von ihm gedichteten und von Philippsborn in Musik gesetzten Liedes ist, dessen erster Druck das Datum: „Gnadenfrei, den 24. Juni 1813" trug und in Kommission zu haben war bei W. G. Korn in Breslau und bei Gröbenschütz in Berlin.

Hebel erzählt uns im „Schatzkästlein des rheinischen Hausfreundes" eine Geschichte, betitelt: „Die zwei Postillone." Diese Postillone, welche zwischen Dinkelsbühl und Ellwangen fuhren, hatten von zwei Handelsleuten stets so schlechte Trinkgelder erhalten, daß sie sich vornahmen, die Herren freigebiger zu machen. Einst traf es sich, daß der Dinkelsbühler Schwager, den einen dieser Handelsleute fahrend, auf der Landstraße dem Postillon von Ellwangen begegnet, welcher den andern

Handelsmann fuhr. Keiner will dem andern ausweichen. Zuerst zanken sich die Postillone, und als die Reisenden sich in den Wortwechsel mischen, schlägt der Ellwanger Postillon dem Passagier in dem gegenüberstehenden Postwagen mit der Peitsche in's Gesicht, worauf der Postillon aus Dinkelsbühl ein Gleiches an dem andern Passagier that. Nachdem sie ihre gegenseitigen Passagiere tüchtig durchgepeitscht hatten, trennten sie sich. Diesmal gab Jeder der beiden Reisenden ein besseres Trinkgeld. — Hebel läßt den einen Postillon sagen: „Du sollst meinen Passagier nicht hauen, er ist mir anvertraut und zahlt honnett, oder ich hau' den Deinigen auch." Der Volksmund weiß mit so lang gesponnenen Sätzen nichts anzufangen und hat daher die Worte des Postillons folgendermaßen verkürzt:

Haust du meinen Juden, so hau' ich deinen Juden.

Oder hat Hebel seine Geschichte nach einer vorgefundenen Redensart bearbeitet?

Das Unvermeidliche mit Würde tragen

ist aus dem bekannten Denkspruch des Tasso-Uebersetzers, **Adolf Streckfuß:**

Im Glück nicht stolz sein und im Leid nicht zagen,
Das Unvermeidliche mit Würde tragen,
Das Rechte thun, am Schönen sich erfreuen,
Das Leben lieben und den Tod nicht scheuen,
Und fest an Gott und bessere Zukunft glauben,
Heißt leben, heißt dem Tod sein Bitteres rauben.

Nach den Mittheilungen seiner Söhne bestimmte er 1831, als die Cholera in Berlin herrschte, in seinem Testamente, daß diese Verse einst auf sein Grab gesetzt werden sollten. Sie befinden sich auch in der That auf seinem namenlosen Grabstein auf dem alten Dreifaltigkeitskirchhof in Berlin, dessen versteckter Eingang dort liegt, wo die Pionierstraße und der Platz vor dem Halleschen Thor zusammenstoßen. Einem weiteren Publikum waren sie schon im Jahre 1843, ein Jahr vor seinem Tode bekannt, wo die literarische Gesellschaft, deren Vorsteher er war, ihn durch Franz Kugler zeichnen und diese Zeichnung, mit dem obigen von Streckfuß eigenhändig geschriebenen Denkspruch versehen, lithographisch vervielfältigen ließ.

Fr. Rückert scheint kein Freund sogenannter geflügelter Worte gewesen zu sein. Er sagt einmal:

Mit Ehrfurcht soll man auf den Dichter schauen,
Den Leuchtthurm für dies irrende Geschlecht;
Doch seine Phrasen immer wiederkauen,
Das läßt der Würde deutscher Sprache schlecht.

Wenn ich von meinen Pappenheimern höre,
Den schönen Tagen von Aranjuez,
Ist's als ob mir der Magen sich empöre
Und als Brechpulver wirke das Geschwätz.

Davon abgesehen, daß Schiller vielleicht doch andere Empfindungen als nur gastrische beim Citiren seiner Phrasen gehabt haben möchte, ist auch Rückert dem Schicksale nicht entgangen, daß aus seinem Gedichte „Welt und Ich" die Verse citirt werden:

Wenn die Rose selbst sich schmückt,
Schmückt sie auch den Garten.

Aus **Uhland's** „Bertram von Born" citiren wir:

Deines Geistes
Hab' ich einen Hauch verspürt.

Freiligrath's Worte in dem Gedicht „Aus Spanien:"

Der Dichter steht auf einer höhern Warte,
Als auf den Zinnen der Partei, [24])

erregten zur Zeit der politischen Tendenzdichtung viel Sturm und werden noch heute vielfach citirt.

Wenn auch der Ausdruck:

Gut Heil!

sich schon im Mittelhochdeutschen, freilich nicht als Formel, findet, so war er doch ganz verloren gegangen, bis ihn der Turnvater Jahn wieder durch ein im „Liederbuch für Deutschlands turnende Jugend“ von L. U. Beck,*) 1842, Brandenburg a. H., zuerst abgedrucktes Lied, das also beginnt:

Die Alten hielten frohen Sang,
Nebst frommem Wunsch in Ehren,
Sie mochten gern mit hellem Klang
Die Wunschesbecher leeren;
Ihr erstes Gut Heil! scholl allzeit
Dem deutschen Vaterlande u. s. w.

zum allgemeinen Turnergruß erweckte. — Der jetzige Turnerspruch:

Frisch, fromm, froh, frei!

wird vielfach, auch in direkten Zusendungen an mich, auf Maßmann zurückgeführt. Maßmann selbst hat über das Vorkommen und die Entwicklung dieses alten deutschen Spruches seit längerer Zeit einen Aufsatz unter der Feder.

Frisch, frei, fröhlich und frumb
Ist der Studenten Reichtumb,

führt Goedeke in „Elf Bücher deutscher Dichtung,“ Th. 1, S. 215 als Reimspruch des 16. Jahrhunderts an.

Ein seltener Fall ist es, wenn sich ein Wort aus Fachschriften zu allgemeiner Geltung durchbricht, wie der Ausdruck:

Zahlen beweisen,

der an vielen Stellen der Schriften des 1846 verstorbenen ausgezeichneten Physikers **Benzenberg** vorkommen soll, woher man das Citat auch erweitert in:

Zahlen beweisen, sagt Benzenberg.

Allerdings habe ich in den mir bis jetzt zugänglich gewordenen Schriften Benzenberg's sehr häufig die Nothwendigkeit „genauer Zahlen“ betont gefunden, allein nur einmal bin ich

---

*) Turnlehrer Lübeck in Berlin.

auf den Ausdruck „Zahlen beweisen" gestoßen, was natürlich nicht ausschließt, daß derselbe in andern Schriften desselben auch noch vorkommen kann.

Auch **Kant's**:

kategorischer Imperativ

gehört hierher, der zuerst in der 1785 zu Riga herausgegebenen „Grundlegung der Metaphysik der Sitten" vorkommt.

Ihm ist wohl und mir ist besser

scheint freilich seine Geburtsstätte in **Immermann's** „Tulifäntchen," II, 4, zu verstecken, wo es heißt: „Ihr wird wohl! — Na, mir wird besser!" Jedoch mag er nur ein Wort sich zu eigen gemacht haben, welches zu der Zeit, wo er in Düsseldorf sein Tulifäntchen schrieb, in allen rheinischen Städten unter den verschiedenartigsten Varianten gang und und gäbe geworden war. Es hatte sich nämlich ein Wittwer, der nicht im besten Einvernehmen mit seiner Gattin gelebt hatte, an den durch seinen Witz weit und breit bekannten Notar **Faber** in Bingen mit der Bitte um eine Grabschrift für die im Jahre 1826 Verstorbene gewendet. Faber lieferte folgendes scheinbar unverfängliche Epitaphium, das noch heute auf dem zweiten Grabstein rechts vom Eingange des Kirchhofs von Bingen zu lesen ist:

Wohl auch die stille Häuslichkeit
Ist eines Denkmals werth;
Ihr sei es hier von mir geweiht,
Und wer die Tugend ehrt,
Auch in dem einfachen Gewand,
Mir, meinem Schmerz ist er verwandt.

Es verging einige Zeit, ehe man dahinter kam, daß die Anfangswörter dieser Zeilen, hintereinander gelesen, folgenden Satz ergeben: „Wohl ist ihr und auch mir." Unwillkürlich fällt mir dabei die Grabschrift ein, die der unter Ludwig XIII.

in Chartres lebende Satiriker Du Lorens für seine Frau verfaßte:

Ci-gît ma femme: ah! qu'elle est bien
Pour son repos et pour le mien.
(Hier liegt mein Weib. In ihrer Ruh'
Ist ihr so wohl und mir dazu.)

Aus **Emanuel Geibel's** „Wo still ein Herz in Liebe glüht" wird citirt:

O rühret, rühret nicht daran!

Mündliche Tradition führt die geistreiche Schilderung der Eifersucht:

Eifersucht ist eine Leidenschaft, die mit Eifer sucht, was Leiden schafft,

in Berlin auf Schleiermacher, in Wien auf — Castelli und Saphir zurück.

Es giebt nun noch in allen größeren Centralstätten der Bildung, in Wien wie in Berlin, in Leipzig wie in München, in Köln wie in Frankfurt am Main, heimische Redensarten.

Es wird mir mitgetheilt, daß in der ganzen gebildeten Gesellschaft Wiens folgende Worte Grillparzer's aus dessen „Sappho:"

Wohl schlimm, daß es so ist, doch ist es so,

und:

Du schmeichelst süß, doch, Liebster, schmeichelst Du,

sowie aus seinem Gedicht „Abschied von Gastein:"

Die Abschiedsstunde schlägt und ich muß scheiden,

in lebendigem Gebrauche sind, daß aus Bauernfeld's „Ein deutscher Krieger:"

Man gewöhnt's,

und aus Mosenthal's „Deborah:"

Auch das ist zum Guten,

vielfach citirt werden, geschweige mancher in Wien kursirender Coupletspäße aus Possen von Nestroy, Anton Langer,

Friedrich Kaiser. So ist aus des letzteren Posse „Verrechnet," deren Couplets von **Nestroy** sind:

> Es muß ja nit gleich sein,
> — es hat ja noch Zeit.

in der Form:

> Muß es denn gleich sein,

auch bei uns im Norden bekannt.

Mit einem allgemein gewordenen dialektischen Worte vermehrte **Bäuerle**, der Schöpfer der Figur des Staberle, welcher zum ersten Male in den „Bürgern in Wien" auftrat, die Summe der deutschen Schlagwörter. Anton Springer sagt über dasselbe in seiner „Staatengeschichte der neuesten Zeit, Oesterreich," Th. 1, S. 569: „Bäuerle's großes Wort:

> 's ist nur a Kaiserstadt, 's ist nur a Wien,

(der Refrain des Liedes „Was macht denn der Prater?" aus „Aline," Musik von Wenzel Müller) kann als das Programm der literarischen Richtung gelten, die, so lange Kaiser Franz lebte, ausschließlich gepflegt und geduldet wurde, in der Lokalposse und im Dialektgedicht sich vorzugsweise verkörperte."

Das in ganz Deutschland bekannte:

> Ach, du lieber Augustin!

erinnert allerdings an den 1643 in Wien geborenen und 1705 daselbst gestorbenen Volkssänger und Dudelsackpfeifer Max Augustin, ist aber weiter nichts als ein sinnloser, einer Nummer aus Wenzel Müller's Oper: „Die Schwestern von Prag" vom Wiener Publikum untergelegter Text. Ueber solche sinnlose Textunterlegungen zu bekannten Arien und Textkompositionen fehlt, beiläufig gesagt, noch eine Arbeit eines Kenners volkstümlicher Musik.

Von Berliner Worten, die über ganz Deutschland gewandert sind, erwähnen wir zuerst aus **Angely**'s „Fest der Handwerker“ die Worte des Mauerpolier Kluck:

Darum keine Feindschaft!

sowie die Redensart Hähnchen's, des Tischlers:

Allemal derjenige, welcher.

Diese beiden Redensarten wurden schnell volkstümlich, so daß, als kurz nach der ersten Aufführung in Berlin unter Friedrich Wilhelm III. der damalige Kronprinz sich bei der Königlichen Tafel zu spät einfand, er den Unwillen des Vaters, der es in solchen Sachen streng nahm, mit den Worten Kluck's beschwichtigte; denn dieser antwortete und verzieh ihm sofort durch die Anführung der Worte Hähnchen's. (Eylert, „Leben Friedrich Wilhelm III.,“ Abschnitt 3.)

Der Karnickel hat angefangen!

kommt in einer von dem 1849 in Berlin verstorbenen Reimschmied und Kupferstecher **Heinrich Lami** in Versen gebrachten Geschichte vor. Der Pudel eines über den Markt wandelnden Herrn zerreißt ein lebendiges Kaninchen, das zu dem Kram einer Hökerin gehört. Obwohl der Herr ihr zehnfachen Ersatz bietet, besteht die Verkäuferin in der Absicht, ihn zu prellen, darauf, daß er mit ihr „auf die Obrigkeit“ gehen soll. Ein Schusterjunge, der dem Streite zugehört hat, nimmt Partei für den Herrn, und verspricht gegen ein Trinkgeld, zu bezeugen, „det der Karnickel hat angefangen“ (daß das Kaninchen angefangen hat). Siehe „Odeum,“ herausgegeben von Alex. Cosmar. Berlin. Bethge, 1841. Das Wort wurde unter andern von Vincke am 4. Februar 1868 im Preußischen Abgeordnetenhause citirt.

Von andern Berliner Witzen, die Deutschland erobert haben, führen wir an:

Rrr! ein ander Bild!

Worte des Guckkästner's in **Glaßbrenner's** „Berliner Hefte," und:

Auch eine schöne Gegend!

aus seinem „Berlin, wie es ißt und trinkt" (1. Heft, 1832), Parodie des Titels des Buches von Nicolài: „Berlin, wie es ist." Letztere Redensart kommt in einem Gespräch zweier Berliner Frauen vor, die sich gegenseitig fragen, wo ihre beiderseitigen Söhne im Freiheitskriege gefallen; auf die Antwort der Einen: „Bei Leipzig" erfolgt nun die oben angeführte Aeußerung im breitesten Berliner Dialekt. Der Ausdruck ist selbst in die Poesie übergegangen; denn Heinrich Heine sagt im „Tannhäuser:"

Zu Hamburg sah ich Altona,
Ist auch eine schöne Gegend.

Das bekannte:

Alles muß verrungenirt werden,

(Alles muß ruinirt werden,)

und:

Was ich mir dafür kaufe,

sind aus der Posse von **David Kalisch**: „Berlin, wie es weint und lacht."

Auch ist durch sein „Musterbuch für das Preußische Volk" in Nr. 58 des Kladderadatsch von 1862 das die Art und Weise antidemokratischer Blätter nachahmende:

Hei, das freut euch wohl, ihr Demokraten!

in Umlauf gekommen.

Ein, wenn ich nicht irre, sich in seiner Anwendung wohl nur auf Berlin und Berliner beschränkendes Diktum ist:

O Spritz, mein Vaterland,

aus dem einaktigen Vaudeville **Carl Blum's**: „Ein Stündchen vor dem Potsdamer Thor."

Wir haben nun noch einer Reihe von Worten zu gedenken, die uns erst durch die Vermittlung der Musik zugeführt worden sind und ohne sie kaum zu allgemeiner Geltung durchgedrungen sein würden, wobei wohl zu beachten, daß keineswegs alle bekannten Liederanfänge an und für sich anwendbare Citate sind, und daß die große Menge von Worten, die in ausschließlich und vorzugsweise musikalischen Kreisen aus Texten gebraucht werden, den Charakter des allgemeinen Wortes gerade dann erst annehmen, wenn nicht musikalische Kreise sie in ihren Bereich einlassen. Dahin gehört das von **Usteri** 1793 verfaßte, von Nägeli in demselben Jahre komponirte und 1796 zuerst im „Göttinger Musen-Almanach" abgedruckte:

Freut Euch des Lebens;

ferner der Anfang des 1810 verfaßten **Langbein**'schen Gedichtes „Der Zecher:"

Ich und mein Fläschlein sind immer beisammen;

die Anfangsverse des sehr sentimentalen Gedichts, das nicht von Hölty, sondern von einem unbekannten Verfasser ist, und das dem bekannten Menuett aus Mozart's „Don Juan" (komponirt 1787) als Text untergelegt worden ist:

Als ich noch im Flügelkleide
In die Mädchenschule ging;

der Anfangsvers des 1827 geschriebenen Mantelliedes aus **Holtei**'s „Leonore:"

Schier dreißig Jahre bist du alt,

welches nach der Melodie des Volksliedes: „Es waren einmal drei Reiter gefangen" gesungen wird; folgende Verse aus zwei Liedern **Johann Martin Miller**'s, des Verfassers des Romans „Siegwart:"

Für mich ist Spiel und Tanz vorbei,

Anfangsvers der 2. Strophe des zuerst im „Göttinger Musen-Almanach" von 1775 gedruckten und dort: L. unterzeichneten, von Siegmund Freiherrn von Seckendorf komponirten

„Klagelied eines Bauern: „Das ganze Dorf versammelt sich,“ und aus dem von Naefe und auch von Mozart komponirten Liede „Zufriedenheit“ der Anfang:

Was frag' ich viel nach Geld und Gut,
Wenn ich zufrieden bin,

sowie die Endverse der 2. Strophe:

Je mehr er hat, je mehr er will,
Nie schweigen seine Klagen still;

der Anfangsvers des von F. H. Himmel komponirten **Kotzebue**'schen Liedes: „Trost beim Scheiden:“

Es kann ja nicht immer so bleiben
Hier unter dem wechselnden Mond,

und der Anfang der 4. Strophe desselben:

Wir sitzen so fröhlich beisammen
Und haben einander so lieb.

Hierhin gehören ferner:

Reich mit des Orients Schätzen beladen,

der Anfang eines von Louis Huth komponirten Liedes, dessen Verfasser unbekannt ist;

Das waren mir selige Tage,

der Anfang eines 1781 in „Frizchens Lieder“ zu Hamburg erschienenen und durch Hurka komponirten Liedes von Ch. Ad. Overbeck und:

Glücklich ist, wer vergißt,
Was nicht mehr zu ändern ist,

Verse, die einem aus der Mitte des 18. Jahrhunderts stammenden Liede eines unbekannten Verfassers entlehnt sind. Die erste Strophe lautet:

Ein Herz, das sich mit Sorgen quält,
Hat selten frohe Stunden,
Es hat schon seinen Theil erwählt,
Die Hoffnung ist verschwunden.

Nur glücklich ist,
Wer das vergißt,
Was einmal nicht zu ändern ist.

Wenn wir sagen: „Kommen Sie

an meine grüne Seite“

so glauben wir aus dem ersten Vers des allbekannten Volksliedes:

Mädle, ruck, ruck, ruck an meine grüne Seite,

zu citiren; doch läßt sich der Ausdruck bis auf das sechszehnte Jahrhundert zurückführen; denn Fischart gebraucht ihn schon im „Gargantua und Pantagruel“ Kap. 42.

Aus Opern und Singspielen kommen viele Worte in das Publikum. Schon in einem 1690 von **Heinr. Hintze** in Hamburg herausgegebenen Singspiel: „Der fremde Ritter Don Quixote de la Mancha“ kommen in Akt 1, Sc. 2 die Worte vor:

Weil Speiß und Trank in dieser Welt
Doch Leib und Seel' zusammenhält,

was jetzt, in Prosa aufgelöst, also lautet:

Essen und Trinken hält Leib und Seele zusammen.

Aus **Méhul's**, erst nach seinem Tode von seinem Neffen **Daussoigne** beendetem „Joseph in Egypten,“ Akt 1, stammt:

Ich war Jüngling noch an Jahren;

aus Joseph Weigl's 1811 komponirter „Schweizerfamilie“ mit Text von **Castelli**:

Setz' dich, liebe Emmeline,
Nah, recht nah zu mir;

aus **Lortzing's** „Czar und Zimmermann:“

Es ist schon lange her,
Das freut uns um so mehr;

und:

O, ich bin klug und weise,
Und mich betrügt man nicht;

aus Carl Maria von Weber's „Freischütz," wozu **Fr. Kind** den Text geliefert hat:

Glaubst du, dieser Adler sei dir geschenkt?

und:

Hilf, Samiel!

aus seinem „Oberon," dessen ursprünglich von **R. Planché** englisch verfaßter Text von **Theodor Hell** in's Deutsche übertragen wurde:

Mein Hüon, mein Gatte; [25])

aus **Meyerbeer**'s „Robert der Teufel," Text von **Scribe**:

(Ja,) das Gold ist nur Chimäre,

das auch den Franzosen in der Form:

Oui, l'or est une chimère

spruchhaft geworden ist; aus **Rossini**'s „Tancred," Akt 1, das nach di tanti palpiti gebildete und im Munde des Volks das Versmaß des italienischen Textes mißachtende:

Nach so langen Leiden;

ferner aus **Donizetti**'s Oper „Belisar:"

Trema Bisanzio!
Zittre, Byzanz;

aus **Mozart**'s 1791 komponirter „Zauberflöte," Text von **Schikaneder**:

In diesen heil'gen Hallen
Kennt man die Rache nicht;

aus seinem „Don Juan:"

Keine Ruh' bei Tag und Nacht; —

und:

Reich mir die Hand, mein Leben, [26])

Ja, die Erwähnung des

Don Juan,

der zur typischen Bezeichnung eines Wüstlings geworden ist,

führt uns auf eine ganze Klasse solcher, der Literatur entnommenen Typen, die wir der Uebersichtlichkeit wegen, über das Gebiet der deutschen Literatur hinausgehend, hier zusammenstellen.

Schon die nordische Heldensage liefert uns den

treuen Eckart.

Die „Wilkinasage" erzählt, daß Eckhard, der Erzieher der Harlunge, Bruderssöhne Ermanarich's, am Hofe des letzteren erfährt, daß ihnen von dieser Seite ein Ueberfall droht. Sofort wirft er sich mit seinem Sohne zu Roß und eilet dem Herrn voran nach Breisach, der am Rhein gelegenen Burg der Harlunge. An den Fluß gelangt, mag er den Fergen nicht erwarten, und er und sein Sohn schwimmen, ihre Rosse hinter sich herziehend, über den Rhein. An dieser Eile erkennen die Harlunge sofort, daß große Gefahr im Anzuge ist. Ein zuverlässiger Freund und Führer wird noch heut „ein treuer Eckard" genannt.

Aus dem Thierepos „Reineke Fuchs" haben wir

Isegrim,

den Namen des Wolfes zur Bezeichnung eines grimmigen Menschen entnommen, und das deutsche Märchen berechtigt uns, ein vernachlässigtes, zu den niedrigen Diensten des Hauses allein verwendetes Mädchen

Aschenbrödel

zu nennen.

Wir nennen ferner einen in von der Zeit überwundenen Anschauungen befangenen Kopf auf Grund der Charakterzeichnung des **Cervantes** einen

Don Quixote;

lassen ihn, wie Cervantes (Don Quixote, I, 8),

mit Windmühlen kämpfen,

und bezeichnen, nach der Erkorenen dieses Ritters, eine Geliebte als

Dulcinea (von Toboso);

nach seinem Roß eine schlechte Mähre als einen (nicht: eine)

Rosinante,

und einen Kopfhänger, wie Sancho Pansa (Don Quixote, I, 9) seinen von Schlägen zerbläuten Herrn, als einen

Ritter von der traurigen Gestalt.

Den Rodomonte mit seinen

Rodomontaden,

das eigentlich nur „wunderbare Heldenthaten" bedeutet, aber im Gebrauche den Nebenbegriff des lügnerischen Prahlens mit ungeschehenen angenommen hat, verdanken wir einem heidnischen Helden in **Bojardo's** „Orlando inamorato" und **Ariosto's** „Orlando furioso." Einen heißblütigen, ritterlichen Jüngling nennen wir mit dem Beinamen Heinrich Percy's, seitdem **Shakespeare's** „Heinrich der Vierte" auf deutschen Boden verpflanzt ist, einen

Hotspur oder Heißsporn,

und einen schmachtenden Liebhaber, wie die Franzosen, nach einer Person des weiland berühmten Romans „Astrée" von **d'Urfé** falsch:

Seladon

statt Céladon.

Tartüffe,

die Hauptperson in Molière's gleichnamigem Stück ist ein allgemein verständlicher Ausdruck für Scheinheiliger geworden.

Der zur Bezeichnung eines bis zur Lächerlichkeit leidenschaftlichen Anhängers des französischen Kaisertums dienende Ausdruck:

Chauvinismus

beruht auf der Rolle des

Chauvin

in dem Scribe'schen Lustspiel: „Le soldat laboureux." — Der Ausdruck:

Bramarbas

für: lächerlicher Prahlhans, ist der Figur einer Satire entnommen, die **Philander von der Linde** (pseudonym statt Burkhard Menke, gestorben 1732 in Leipzig) in der zu seinen 1710 in Leipzig erschienenen „Vermischten Gedichten" den Anhang bildenden „Unterredung von der deutschen Poesie" mittheilt. Als Gottsched in seiner Deutschen Schaubühne des dänischen Dichters Holberg Lustspiel „Jakob von Tyboe eller den stortalende Soldat" (deutsch: oder der großsprechende Soldat) in der Uebersetzung des Professors in Altona George Aug. Detharding veröffentlichte, gab er diesem Lustspiel den Titel „Bramarbas oder der großsprecherische Offizier," weil, wie er sich in der Vorrede äußert, der Name Tyboe „in unserer Sprache keine Anmut gehabt haben würde." „Ich habe daher geglaubt," fährt er fort, „daß ich keinen bessern Namen finden könnte, einen prahlerischen Windmacher zu bezeichnen, als denjenigen, den ich in Philanders von der Linde Unterredung von der Poesie in einer Ode gefunden, die dergleichen Charakter abgeschildert." Gottsched begeht hier nur den Irrtum, daß er dies satirische Gedicht, welches „Cartell des Bramarbas an Don Quixote" betitelt ist und eine lächerliche bombastische Herausforderung zum Kampf enthält, eine Ode nennt. Wer der eigentliche Verfasser ist, ist unbekannt; in der Vorrede zu seinen „Vermischten Gedichten" sagt Philander von der Linde nur, oder giebt vor, daß ihm einige Freunde für seine Abhandlung, damit sie der nötigen Beispiele nicht ermangele, eine reichliche Lese noch ungedruckter Gedichte zur Verfügung gestellt haben.

Es ist also der Name Bramarbas von einem unbekannten deutschen Dichter ersonnen und von Gottsched dem berühmten dänischen Dichter gewissermaßen aufgedrängt worden.

Das in Rede stehende Gedicht hebt an:

Bramarbas, Cyprens Herr und Kaiser,
Dem hunderttausend Lorbeerreiser
Zugleich um seine Scheitel ruhn,
Der durch die Thüren auf den Knieen
Voll Majestät pflegt einzuziehen,
Wie insgemein die Riesen thun.

Durch Langbein's Gedicht „Bramarbas" ist der Name noch volkstümlicher geworden.

Dagegen hat erst durch **Holberg**'s Lustspiel „Der politische Kannegießer" das Wort:

Kannegießer

die Bedeutung eines politischen Schwätzers bekommen, und wir leiten selbst Wörter davon ab wie:

kannegießern, Kannegießerei.

Wenn in vulgärer Sprache die Geliebte eines Menschen als seine

Charmante

(populär: Schockcharmante) bezeichnet wird, so glauben wir oft irrtümlich, uns damit einer Uebersetzung aus dem Französischen zu bedienen, da doch sa charmante einem Franzosen in diesem Sinne unverständlich ist; Charmante ist vielmehr die Geliebte des Helden in dem 1696 zu Hamburg erschienenen und die entarteten Simpliciaden geißelnden Romans „Schelmuffsky's Wahrhafftige, Kuriöse und sehr gefährliche Reisebeschreibung zu Wasser und zu Lande, in hochdeutscher Frau Muttersprache eigenhändig und sehr artig an den Tag gegeben von E. S."

Auf Grund einer einmaligen Erwähnung „Stentor's mit der ehernen Stimme, der so laut schreien konnte, wie funfzig Andere," in der „Iliade," 5, 785, nennen wir noch heute eine ungewöhnlich laute Stimme eine

Stentorstimme;

ebenso gilt uns der als Führer und Ratgeber des Telemach aus der „Odyssee" und wohl noch mehr aus Fénélon's „Télémaque" bekannte

Mentor

als eine allgemeine Bezeichnung eines Erziehers, und eine

Penelope-Arbeit

nach „Odyssee" 2, 104 und 105 als die einer stets von vorn beginnenden und nie fortschreitenden Arbeit. Die Alten gingen noch weiter in solchen allgemeinen Anwendungen homerischer Personennamen; so war ihnen ein armer Mann ein „Irus," ein schöner ein „Nireus;" einen Arzt nannten sie „Machaon," und einen Wagenführer, wie nach ihnen noch heute die Engländer thun, „Automedon." Endlich dürfen wir des den griechischen Tragikern entlehnten Freundespaares

Orestes und Pylades

nicht vergessen.

Selbst bloße Titel nehmen den Charakter eines allgemeinen Wortes an. Nach **Klinger**'s Drama: „Sturm und Drang" haben wir eine ganze Periode unserer Literatur die

Sturm- und Drangperiode

genannt; wir citiren einen Goethe'schen Titel, wenn wir

Wahrheit und Dichtung

und die Ueberschrift des 6. Buches von „Wilhelm Meister's Lehrjahre," wenn wir

Bekenntnisse einer schönen Seele

sagen; ebenso bezeichnen wir das häufige Zurückweisen auf Shakespeare mit dem Titel eines Aufsatzes von Goethe;

Shakespeare und kein Ende.

Zu allgemeiner Anwendung ist auch der Titel des **Gutzkow**schen Romans:

Die Ritter vom Geiste,

und der eines Romans von **Spielhagen**:

Problematische Naturen

gekommen, welcher letztere Titel auf folgender Stelle in Goethe's „Sprüchen in Prosa," Abth. 2, beruht: „Es giebt problematische Naturen, die keiner Lage gewachsen sind, in der sie sich befinden, und denen keine genug thut. Daraus entsteht der ungeheure Widerstreit, der das Leben ohne Genuß verzehrt."

Wir schließen hier der Vollständigkeit wegen folgende, nicht deutschem Boden entquellende Titel an, als:

Jeremiade

nach den „Klageliedern Jeremiä;"

Philippika

für: donnernde Rede, weil **Cicero** seine Reden gegen Antonius im Vergleich mit den gewaltigen Reden des Demosthenes gegen Philipp von Macedonien „Philippische" nannte;

pro domo,
für das eigene Haus,

ebenfalls der Titel einer Rede Cicero's, der zum allgemeinen Ausdruck jeder Thätigkeit emporgestiegen ist, die auf Erhaltung der eigenen Habe abzielt;

Utopien,

(eigentlich: Nirgendreich), womit wir ein von der Phantasie geschaffenes, ideales, unmögliches Land nach dem Vorbilde der 1516 von dem englischen Kanzler **Thomas Morus** verfaßten Schrift „Utopia" bezeichnen.

Wir schließen hier an, daß der attische Lustspieldichter **Aristophanes,**

der ungezogene
Liebling der Grazien,

wie ihn Goethe im Epilog zu seiner Bearbeitung der „Vögel" nennt, in seiner Komödie „die Vögel" eine von diesen beflügelten Namengebern des Stücks in der Luft gebaute Stadt

Wolkenkukuksheim

nennt, was ebenfalls gleichbedeutend mit Phantasiegebilde häufig gebraucht wird. Fernere solcher Titel sind:

Kollation,

womit wir jetzt im gemeinen Leben ein einfaches Mahl bezeichnen, was aber ursprünglich der Klostersprache entlehnt ist, wo es das frugale Abendessen der Mönche an Fasttagen bedeutete, weil dann vor dem Essen je ein Kapitel aus den Kirchenlehren **Johannes Cassianus**: Collationes patrum Sceticorum (d. h. geistliche Gespräche der Mönche in der sketischen Wüste) vorgelesen wurde;

der Letzte der Mohikaner,

Titel eines 1826 erschienenen **Cooper**'schen Romans;

le demi-monde,

Titel eines 1855 erschienenen Schauspiels des jüngeren **Dumas**;

Revanche für Pavia,

Nebentitel des Lustspiels „Die Erzählungen der Königin von Navarra“ von **Scribe** und **Legouvé**.

Hier müssen wir auch des Wortes

Calembourg

erwähnen, worunter die Franzosen einen Wortwitz verstehen. Früher leiteten sie es, ohne weitere Begründung von einem Pariser Apotheker dieses Namens, auch wohl von einem westfälischen Grafen Calenberg ab, der sich unter Ludwig XIV. durch Sprachschnitzer lächerlich gemacht haben soll; jetzt leitet es Philarète Chasles von dem deutschen mittelalterlichen Volksbuch ab, das die Schwänke des **Pfaffen vom Kalenberg** enthält. Aus Calembourg haben wir, um eine hervorragend schlechte Sorte von Witzen zu bezeichnen,

Kalauer

gemacht, dabei wohl an Leder und an die geringere Güte der Stiefel denkend, welche die Stadt Kalau liefert.

Wir citiren ferner, wenn wir Etwas ein

unterbrochenes Opferfest

nennen, den Titel einer **Winter**'schen Oper, und wir sprechen, um die Richtung des Komponisten **Richard Wagner** und seiner Anhänger zu bezeichnen, auf Grund einer Broschüre desselben: „Das Kunstwerk der Zukunft," von

Zukunftsmusik.

Uebrigens adoptirte Wagner selbst diese Bezeichnung, wie der Titel seiner 1861 in Leipzig erschienenen Schrift: „Zukunftsmusik. Brief an einen französischen Freund" u. s. w. beweist.

Ja, wir gehen noch weiter und citiren bloße Verfassernamen in einer erweiterten Bedeutung, welche ihnen der Inhalt ihrer Schriften verleiht.

Einen schmähsüchtigen Rezensenten oder Tadler belegen wir mit dem Namen eines

Zoïlus

eines griechischen Rhetors um 270 v. Chr., der sich durch hämische Kritiken Plato's und Homer's berüchtigt machte; dagegen geben wir einem strengen, gelehrten, scharfen Kunstrichter den Namen eines

Aristarch,

eines berühmten Grammatikers, der um 150 v. Chr. lebte und sich mit der Kritik der Dichter, namentlich Homer's, beschäftigte.

Eine alte, oft gehörte Anekdote nennen wir kurzweg einen

Meidinger,

wegen der Sammlung „Auserlesener Histörchen," die den Lesestoff der vor 50 Jahren viel gebrauchten französischen Grammatik **Meidinger**'s bildeten, wie die Engländer nach einer Anekdotensammlung Joe Miller's eine solche alte, ehrwürdige Anekdote einen

Joe Miller

nennen. — Wenn wir die Richtigkeit einer von uns angestellten Rechnung dadurch bekräftigen, daß wir hinzusetzen, sie sei richtig

nach Adam Riese,

so erwecken wir damit das Andenken des 1559 gestorbenen

Vaters der modernen Rechenkunst, des Bergbeamten **Adam Ryse** in Annaberg, dessen kleines Rechenbuch 1523 zu Erfurt und dessen berühmtes grosses Rechenbuch: „Rechnung nach der lenge, auff der Linihen un Federn" 1550 zu Leipzig erschien. — Selbst die Malerei hat Worte verewigt.

Es wurde früher in Braunschweig gern eine Anekdote erzählt, wonach ein Invalide des amerikanischen Unabhängigkeitskrieges stets mit Begeisterung von Amerika sprach und in dieser seiner Begeisterung die dortigen Bienen so gross wie die Hammel machte. Als ihm die verfängliche Frage vorgelegt wird, wie gross denn dort die Bienenkörbe seien, antwortet er: „Nicht grösser als bei uns," und auf die Frage, wie denn die Bienen da hinein kommen können, erwiedert er harmlos: „Da lat sei sylbest tauseihen" (Da lass sie selbst zusehen). **Andreas Achenbach** hat die Anekdote in den „Düsseldorfer Monatsheften" illustrirt, aber einem für sein Vaterland begeisterten Russen in der Form:

Der Bien' muss

beigelegt; aus denselben Monatsheften stammt das berühmte Wort eines Unteroffiziers an einen Soldaten:

Was nutzt mir der Mantel, wenn er nicht gerollt ist.

Sogar der Name eines Herausgebers hat herhalten müssen. Als **Johann Ballhorn**, Buchdrucker in Lübeck, im Jahre 1586 eine neue Ausgabe des Lübecker Stadtrechts hatte drucken lassen, fanden die von ihm daran vorgenommenen vermeintlichen Verbesserungen so allseitigen Tadel, dass seitdem

ballhornen oder verballhornen,

soviel als „schädliche Veränderungen in einem Schriftwerk anbringen" bedeutet. Dass er dem auf der letzten Seite der Fibeln üblichen Hahn ein Paar Eier untergelegt habe, ist ein Märchen, da überhaupt Fibeln mit dem Bilde des Hahns erst im 18. Jahrhundert üblich wurden.

Die Verse:

Im Schatten kühler Denkungsart,

und:

Des Lebens Unverstand mit Wehmut zu genießen [27])
Ist Tugend und Begriff,

glaubt ein wohlwollender und belesener Kritiker meines Buchs in der Frankfurter Zeitung (Nr. 53. Zweites Blatt 1868) in seiner Jugend im „Bremer Lesebuch" oder einer ähnlichen Sammlung als Anfänge zweier Lieder gelesen zu haben, die absichtlichen Unsinn unter klingendem Wortschwall verhüllen. Eins derselben habe den Titel „Blühender Unsinn" getragen; auch habe unter einem derselben als Name des Verfassers „Karl Fülleborn" gestanden. (?)

Wenn Du aber, theurer Leser, vor diesen Blüten des Unsinns ausrufen solltest: **Hegel** sagt:

Alles was ist, ist vernünftig,

so muß ich die von Dir falsch angeführte Stelle aus Hegel's Vorrede zu seiner Schrift: „Grundlinien der Philosophie des Rechtes" S. 17 (im 8. Band der Werke) also berichtigen:

Was vernünftig ist, das ist wirklich; und was wirklich ist, das ist vernünftig.

Aber

— Alles schon dagewesen,

pflegt Rabbi Ben Akiba in **Gutzkow**'s „Uriel Akosta" mit Recht in den verschiedensten Formen zu wiederholen: denn schon Pope in seinem „Essay on Man," 1, V. 294, hat gesagt:

Whatever is, is right.
Alles was ist, ist in der Ordnung.

Wo aber steht?

Für unsere Kinder ist das Beste gut genug?

Woher stammt die drollige Begrüßung?

Lieber Freund und Kupferstecher!

Wer weiß irgend etwas über Entstehung und Verfasser von:

Immer langsam voran!

anzugeben?

Und wo steht:

Da geht er hin und singt nicht mehr?

II.

Französische Citate.

Deutsche Bildung hat sich auch aus fremden Sprachen Worte entlehnt und angeeignet, die sie theils deutsch, als gehörten sie ihr ursprünglich an, theils in fremdem Gewande citirt. Zu den ersteren gehört das einer französischen Farce des 15ten Jahrhunderts, „l'Avocat Pathelin" von **Pierre Blanchet** entlehnte:

Um auf besagten Hammel zurück zu kommen.

Pathelin, ein verhungerter Advokat, braucht für seine Frau und sich Tuch. Er tritt in den Laden eines Tuchhändlers, den er durch Lobpreisungen seines verstorbenen Vaters und seiner verstorbenen Tante rührt und erweicht. Als er diese zum Geprelltwerden geeignete Stimmung im Verkäufer erweckt hat, thut er, als sei er plötzlich von der Güte eines Stückes Tuch, das er in dem Laden erblickt, wie geblendet. Er sei nicht gekommen, um Einkäufe zu machen; aber der Güte solcher Waare könne er nicht widerstehen, und wohl sehe er, daß die ersparten Goldstücke, die er zu Hause zu liegen habe, heran müßten. Der Händler, den Aussicht auf ein vortheilhaftes Geschäft noch mehr für Herrn Pathelin einnimmt, ist sofort bereit, ihm sechs Ellen Tuch mitzugeben, und Herr Pathelin ladet ihn ein, sich sogleich seine Bezahlung zu holen und außerdem bei ihm Gänsebraten zu speisen. Der Tuchhändler kommt, vernimmt aber von der Frau des Advokaten zu seinem Erstaunen, daß ihr Mann, schon seit elf Wochen gefährlich krank, gerade jetzt im Sterben liegt und also unmöglicherweise heute Tuch gekauft haben kann. Da er nun gar den Kranken selbst in verschiedenen Sprachen phantasiren hört, so zieht er sich endlich, halb überzeugt, halb zweifelnd zurück. Bald darauf wird derselbe Tuchhändler von seinem Schäfer um Hammel betrogen und klagt. Der Schäfer wendet sich an den Advokaten Pathelin, der ihm den Rath ertheilt, auf alle Fragen des Richters nichts zu antworten als „Bäh."

Im gerichtlichen Termin erscheinen nun vor dem Richter der Tuchhändler als Kläger und der Schäfer als Verklagter in Begleitung seines Anwalts. Kläger ist über das unerwartete Erscheinen Pathelin's so bestürzt, daß er seines vorliegenden Prozesses vergißt und den Anwalt beschuldigt, ihn um sechs Ellen Tuch betrogen zu haben. Der Richter ruft ihm daher zu:

Sus, revenons à ces moutons! *)

Wohlan, laßt uns auf die besagten Hammel zurückkommen!

Da Kläger trotzdem fortfährt, in der Auseinandersetzung des Thatbestandes das gestohlene Tuch und die gestohlenen Hammel zu verwechseln, so wird er mit seiner Klage abgewiesen.

Die Posse endigt damit, daß der gerettete Schäfer dem auf Honorar dringenden Advokaten Pathelin auf alle Vorstellungen nichts als das bewährte „Bäh" antwortet. Wahrscheinlich ist jedoch unsere Redensart mittelbar von der deutschen Bühne, auf der irgend eine Bearbeitung des französischen Originals aufgeführt worden sein mag, in ihrer deutschen Fassung auf uns gekommen.

Kotzebue hat jene drastisch wirkende Wiederholung des

---

*) So heißt es in der letzten Ausgabe des l'Avocat Pathelin von Jakob Bibliophile. In früheren heißt es: à nos moutons.

„besagten Hammels“ auf andere Weise in seinen „deutschen Kleinstädtern,“ Akt 3, Sc. 6 u. 7, wohl zu benutzen gewußt.

Der Ausdruck:

Besser sein als sein Ruf,

den sich Schiller in „Maria Stuart,“ Akt 3, Sc. 4, zu Nutze gemacht hat (s. S. 22), und welchen Goethe im 7. Buch von „Wahrheit und Dichtung,“ ziemlich gegen Ende, verwendet, rührt aus **Beaumarchais**' „Figaro's Hochzeit“ her, wo Akt 3, Sc. 5 Figaro auf des Grafen Almaviva Vorwurf, er stehe in abscheulichem Ruf (réputation), erwidert:

Et si je vaux mieux qu'elle?
Und wenn ich nun besser bin als mein Ruf?

Die allbekannte Redensart:

Durch seine Abwesenheit glänzen,

ist ein Taciteischer Edelstein in Chénier'scher Fassung.

Tacitus erzählt in den „Annalen,“ B. 3. letztes Kapitel, daß, als unter der Regierung des Tiberius, Junia, die Frau des Cassius und Schwester des Brutus, starb, sie mit allen Ehren bestattet wurde; nach römischer Sitte wurden dem Leichenzuge die Bilder der Vorfahren vorangetragen;

aber Cassius und Brutus leuchteten gerade dadurch hervor, daß man ihre Bildnisse nicht sah;

sed *praefulgebant* Cassius atque Brutus, eo ipso, *quod* effigies eorum *non visebantur*.

Daraus hat J. Chénier in seiner Tragödie „Tibère,“ Akt 1, Sc. 1, gemacht:

Cnéius. Devant l'urne funèbre on portait ses aïeux:
Entre tous les heros qui, présents à nos yeux,
Provoquaient la douleur et la reconnaissance,
Brutus et Cassius *brillaient par leur absence*.

Voraus dem Aschenkruge trug man die Bildnisse ihrer Vorfahren. Unter allen Helden, die unsern Schmerz und unsere Dankbarkeit weckten, glänzten Brutus und Cassius durch ihre Abwesenheit.

Ein verhältnißmäßig noch junges Citat:

La propriété c'est le vol,

Eigentum ist Diebstahl,

ist die Beantwortung der Frage, die sich **Proudhon** in dem Titel seines 1840 erschienenen Werkes: „Qu'est-ce que c'est que la propriété? ou: Recherches sur le principe du droit et du gouvernement" stellte. Doch hat Brissot bereits in seiner Schrift: „Recherches philosophiques sur le droit de propriété et sur le vol considéré dans sa nature" gesagt: La propriété exclusive est un vol dans la nature.

Hier müssen wir auch

Buridan's Esel

erwähnen. Um zu beweisen, daß keine Handlung ohne einen bestimmenden Willen stattfinden könnte, soll sich nämlich Buridan, ein französischer Philosoph des 14. Jahrhunderts, des Bildes eines Esels bedient haben, der in gleichem Abstande von zwei vollkommen gleichen Bündeln Heu, gleichmäßig von beiden angezogen, notwendigerweise verhungern müsse u. s. w. Jedoch ist in Buridan's Werken der entsprechenden Stelle bis jetzt vergeblich nachgespürt worden, die sich übrigens dem Wesen nach, nur auf den Menschen bezogen, bei einem Zeitgenossen Buridan's, bei Dante, in dem Anfangsverse des 4. Buches des „Paradieses" findet. Aber noch jetzt vergleichen wir einen Menschen, dem die Wahl zwischen zwei gleich wertvollen Gegenständen schwer wird, mit Buridan's Esel.

Zu diesen in deutscher Sprache citirten Worten gesellt sich eine verhältnißmäßig geringe Anzahl solcher, die wir in der ursprünglichen Form anwenden. Jedoch ist:

noblesse oblige,

Adel legt Pflicht auf,

kein Schriftstellerwort, sondern der Wahlspruch des alten, noch existirenden französischen Geschlechts der Herzöge de Lévis. Ob zu jenen Worten das in **Rabelais**'s „Leben des Gargantua und Pantagruel" vorkommende und seitdem für die ansteckende Krankheit der Nachäfferei angewendete:

Les moutons de Panurge,

Die Schafe des Panurge,

gehören mag, soll hier nicht mit Gewißheit behauptet werden. Es findet seine Erklärung darin, daß in der Erzählung Panurge einem eine Heerde Schafe mit sich führenden Viehhändler, der sich auf demselben Schiffe befindet, ein Schaf abkauft und es über Bord wirft, worauf alsdann die ganze Heerde nachspringt. — Jedenfalls ist uns aus Akt 4, Sc. 3 des „Cid" von **Corneille**:

Et le combat cessa, faute de combattants,

Und endlich schwieg der Kampf, da Kämpfer nicht mehr waren,

vor allen aber aus seinem „Cinna, Akt 5, Sc. 3 das Wort des Augustus bekannter:

Soyons amis, Cinna!

Laßt uns Freunde sein, Cinna!

Voltaire sagt in einem seiner Briefe: „Die Franzosen haben Nichts zu eigen, nicht einmal: ‚Soyons ami, Cinna;' denn es ist von Seneca," und in dem letzteren Theile seiner Behauptung hat er Recht, wie man aus Seneca's Abhandlung „über die Gnade" K. 9, B. 3, der Quelle der Corneille-schen Tragödie, ersehen wird.

Das sprichwörtlich gewordene:

Point d'argent, point de Suisse,

Umsonst ist der Tod,

oder wörtlich: „Kein Geld, kein Schweizer," erklärt man gewöhnlich in gelehrter Weise so: daß die schweizerischen Söldnertruppen nur für Geld zu haben gewesen wären; die Sache ist jedoch einfacher; in den „Plaideurs," Akt 1, Sc. 1, woher das Wort stammt, rühmt sich Petit-Jean, Portier (oder

Suisse), bei einem Richter, daß er Niemand zu seinem Herrn zugelassen hätte, der bei ihm nicht vorher diese Begünstigung durch ein Trinkgeld erkauft habe, und fügt dann obiges Wort hinzu, das demnach eigentlich zu übersetzen ist: „Kein Geld, kein Portier."

Aus **Molière**'s „George Dandin," Akt 1, Sc. 9, sollten wir als Selbstanklage bei selbstverschuldetem Mißgeschick:

Vous l'avez voulu, George Dandin, vous l'avez voulu, vous l'avez voulu,

Du hast es so gewollt, George Dandin, du hast es so gewollt, du hast es so gewollt,

citiren; statt dessen citiren wir stets falsch:

Tu l'as voulu, George Dandin, tu l'as voulu

Sein:

Que diable allait-il faire dans cette galère?

Was zum Teufel hatte er auf jener Galeere zu suchen?

womit wir auf den Unvorsichtigen zielen, der, wie man zu sagen pflegt, in ein Wespennest gestochen hat, wiederholt Géronte in den „Fourberies de Scapin," Akt 2, Sc. 11, sieben bis achtmal. Molière hat jedoch dies durch ihn berühmt gewordene Wort aus **Cyrano de Bergerac**'s „le Pédant joué," Akt 2, Sc. 4, entlehnt.

Aus **Boileau**'s 9ter Epistel, im Anfang, ist der Vers bekannt:

Rien n'est beau que le vrai; le vrai seul est aimable.

Nichts ist schön als das Wahre; das Wahre allein ist lieblich.

Gewöhnlich wird auf Boileau auch der berühmte Vers:

La critique est aisée, et l'art est difficile,

Die Kritik ist leicht und die Kunst ist schwer,

zurückgeführt. Jedoch ist **Destouches** der Urheber dieses Verses, welcher in der Komödie „le Glorieux," Akt 2, Sc. 5 vorkommt, woselbst sich auch ein anderer, dem Horaz (Epist. 1, 10, 24) nachgebildeter Vers befindet:

Chassez le naturel, il revient au galop.

Jagt die natürliche Anlage fort, sie kehrt in Eile zurück.

Erstaunt wird nun Mancher sein, hier das schlichte Wort:

bienfaisance
Wohlthätigkeit

als geflügeltes Wort verzeichnet zu finden. Dies Wort, welches aussieht, als sei es so alt, wie die französische Sprache, ist von dem 1743 gestorbenen philantropischen Schriftsteller, dem Abbé **de Saint Pierre** (nicht zu verwechseln mit Bernardin de Saint-Pierre, dem Verfasser von „Paul und Virginie") erfunden worden, und es wurde bald so allgemein gültig, daß es im Jahre 1762 in das Dictionnaire der Akademie aufgenommen wurde. (Siehe Voltaire, Discours 7.) Es möchte darauf hin interessant sein, Massillon's Predigt über die Wohlthätigkeit nachzulesen, in welcher das heute für den Ausdruck des Begriffs Wohlthätigkeit unentbehrlich scheinende Wort bienfaisance nicht vorkommt, da es noch nicht existirte.

Von Worten **Voltaire**'s ist in Deutschland nur aus „Candide" populär geworden:

Tout est pour le mieux dans le meilleur des mondes possible.

Alles ist auf's Beste bestellt in der besten der möglichen Welten.

Wohl hat man ihm den Ausdruck:

Travailler pour le roi de Prusse,
Umsonst arbeiten

(eigentlich: „für den König von Preußen arbeiten") beilegen wollen; aber erstens wurde Voltaire für seine litterarischen Handlangerdienste bei Friedrich dem Großen in der That königlich bezahlt, und zweitens läßt sich Voltaire's Urheberschaft dieses Worts durchaus nicht nachweisen, das man vielleicht richtiger auf den Kardinal **Fleury** zurückführt, der damit habe sagen wollen, daß er durch seine Betheiligung am österreichischen Erbfolgekriege mehr für den König von

Preußen als für sich gewirkt habe. — Nie populär geworden, aber historisch wichtig ist das berufene Wort Voltaire's:

Ecrasez l'infâme.

Für die Oeffentlichkeit war es nicht bestimmt, da es sich nur in seinem Briefwechsel mit in der Freiheit der Anschauungen ihm verwandten Geistern, und zwar in dem Zeitraum von 1760 bis 1768, vorfindet. Man trifft den Ausdruck, sowie ähnliche Ausdrücke in seiner Korrespondenz mit Friedrich dem Großen, Helvétius, Diderot, d'Alembert, Marmontel, Thieriot, dem Advokaten Christin, dem Grafen d'Argental, Madam d'Épinay und Damilaville, einem in Paris angestellten Steuerbeamten. Namentlich zeichnete Voltaire seine Briefe an d'Alembert oft und an Damilaville, den anonymen Verfasser eines „Enthüllten Christentums," einem seiner ergebensten und zuverlässigsten Freunde gewöhnlich statt mit seinem Namen mit *Ecr. l'inf....* oder auch wohl Ecrlinf, so daß die mit der Eröffnung staatsgefährlicher Briefe betrauten Beamten es mit einem Herrn Ecrlinf zu thun zu haben glaubten. Der Ausdruck findet sich zum ersten Male in der Korrespondenz zwischen Friedrich dem Großen und Voltaire in einem Briefe, den der König am 18. Mai 1759 aus Landshut an Voltaire richtet und zuletzt in einem Briefe Voltaire's an Damilaville vom 27. Januar 1768, der bald darauf an einem Halsübel starb. Daß das Wort von da ab aus der Korrespondenz verschwindet, liegt wohl daran, daß es eine Voltaire bedenklich und gefährlich erscheinende Notorietät zu bekommen anfing. Aus sämmtlichen Stellen geht hervor, daß infâme als weibliches Eigenschaftswort zu denken ist, zu welchem man daher ein entsprechendes Hauptwort zu ergänzen hat, wobei allerdings zu bemerken ist, daß die Anhänger der sogenannten infâme von Voltaire auch als les infâmes bezeichnet werden. Voltaire wünschte offenbar, daß das zu ergänzende Hauptwort „superstition", Aberglaube, sein sollte, was sich aus vielen seiner Briefe ergiebt, aus denen drei Auszüge für unsern Zweck genügen.

1) Brief Voltaire's an den König vom 29. August 1792: „Ich gestehe, daß ich Nichts kenne, was mein Land mehr schändet, als jener infame Aberglaube, geschaffen, die menschliche Natur zu erniedrigen.“ 2) Brief von Voltaire an d'Alembert vom 28. November 1762: „Was Luc (Friedrich den Großen) anbetrifft, so gestehe ich, daß, obgleich ich ihm zürnen muß, es mich sehr freut, daß es keine überfromme Dynastie ist, welche Deutschland verschlungen hat, und daß in Berlin nicht die Jesuiten lehren. An der Donau ist der Aberglaube sehr mächtig. Sie schreiben mir, er verliert sein Ansehen an der Seine; ich wünsche es, aber bedenken Sie, daß es 300,000 Menschen giebt, bezahlt, um diesen scheußlichen Koloß zu stützen, also mehr Kämpfer für den Aberglauben als Frankreich Soldaten hat. Alles, was die anständigen Leute thun können, ist, mit einander zu seufzen, wenn dieser Infame zu verfolgen beginnt (quand cette infâme est pérsecutante) und zu lachen, wenn er nur albern ist. . . . Sie wissen, daß ich nur vom Aberglauben rede; denn die christliche Religion achte und liebe ich wie Sie.“ Der Brief schließt: „écrasez l'infâme.“ 3) Brief von Voltaire an d'Alembert vom 21. Juni 1770, nachdem auf d'Alembert's Antrieb eine Marmorbüste Voltaire's, jetzt in der Bibliothek des Instituts, vermittelst öffentlicher Beiträge angefertigt wurde: „Sie zermalmen unter diesem Marmor den Aberglauben, der noch den Kopf hoch trug.“

Fragen wir nun nach dem Umfange des Begriffes Aberglauben in der Anschauung Voltaire's, so werden wir schließlich bei dem deistischen Standpunkte desselben zu dem Resultate gelangen, daß das, was er „Aberglaube“ nennt, sich nicht sehr von „Kirche“ oder „positiver Religion“ unterscheidet, was wiederum bei einem sich in die Umstände fügenden charakterschwachen Mann wie Voltaire, der in Ferney eine Kirche baute, sich dazu vom Papste Reliquien erbat und bei der Kommunion das geweihte Brot eigenhändig an die Gemeinde vertheilte, dahin zu modifiziren ist, daß ihm die Kirche namentlich in

Aeußerungen der Intoleranz, Verketzerung und Verfolgungssucht die zu zermalmende infâme war. Wenn Voltaire in zwei Briefen an Damilaville vom 1. Dezember und vom 19. Dezember 1766 behauptet, daß er unter l'infâme stets die calomnie, Verläumdung, gemeint habe, so sind diese seine Aeußerungen bereits aus einer Zeit, wo er den Widerhall seines berüchtigten Wortes zu fürchten begann, und er widerspricht sich selbst, da er schon im Dezember 1765 in einem Briefe an den Grafen d'Argental die Behauptung aufstellt, daß das Wort „infam" stets den Jansenismus (!!) bezeichnet habe, was grammatisch nicht möglich ist, da jansénisme männlich ist. Das viel besprochene, von Voltaire selbst in Dunkel gehüllte Wort ist höchst charakteristisch für einen Mann, der stets den Muth zu heftigem Angriff hatte, aber auch stets in feiger Besorgniß vor den Folgen schwebte, die seine Angriffe für sein Wohlergehen haben könnten. Friedrich der Große hatte die Rücksichten nicht zu nehmen, die ein Privatmann zu nehmen hatte, und was er sich bei infâme ergänzte, ersieht man aus einem von ihm aus Zuckmantel unter dem 2. Mai 1759 an den Marquis d'Argens gerichteten Brief, in welchem l'infâme in diesem Sinne überhaupt nachweislich zum ersten Male vorkommt, und worin als Rückäußerung auf ein brieflich mitgetheiltes Vorhaben des Marquis, „eine Broschüre gegen alle Religionen, welche Priester haben, schreiben zu wollen," sich die Worte befinden: „Allons, allons, une bonne brochure contre l'infâme." Zum letzten Male kommt dieses isolirte infâme in einem Briefe Voltaire's vom 6. Februar 1771 an den Grafen d'Argental vor. — Wenn es nun auch durch die aus der Korrespondenz des Königs mitgetheilten Stellen feststeht, daß im Mai 1759 das berufene Wort eine unter Freidenkern wohlverstandene Losung war, so steht doch über den eigentlichen Ursprung und die Entstehungszeit des Worts bis jetzt nichts fest.*)

---

*) Man hat das Wort: Ecrasez l'infâme auf Lucretius,

Das Wort:

le style c'est l'homme

ist gefälscht; **Büffon** hat so nie gesagt; in seiner Antrittsrede in der Akademie heißt es vielmehr:

le style est l'homme même,

ja in einer Form, die ich für die richtigere halte, in den „Oeuvres choisies" (Paris, Firmin-Didot, 12°) Liv. 1, pag. 25:

le style est de l'homme même.

Zur Beurteilung der Redensart ist es nötig, sie im Zusammenhange zu lesen. Es heißt:

> „Nur die gut geschriebenen Werke werden auf die Nachwelt kommen. Fülle des Wissens, interessante Fakta, selbst Neuheit der Entdeckungen geben keine sichere Bürgschaft für Unsterblichkeit; handeln Werke dieses Inhalts nur von kleinlichen Dingen, sind sie ohne Geschmack, Würde und Geist geschrieben, so werden sie untergehen, weil Wissen, Fakta, Entdeckungen sich leicht entwenden und verpflanzen lassen, ja sogar durch die Bearbeitung geschickterer Hände gewinnen. Diese Dinge sind dem Menschen äußerlich, nur der Styl ist sein. (Ces choses sont hors de l'homme, le style est [de] l'homme même.)"

Wir lernen daraus erstens, daß Buffon's Wort kein isolirt dastehender Gedankenblitz ist, wie man wohl meint; zweitens, daß wir es in falscher Form citiren; drittens, daß wir in dieser falschen Form auch Buffon's Gedanken fälschen. Denn wir setzen mit: le style c'est l'homme an die Stelle des unbestreitbaren Satzes: „der Styl ist Eigentum des Menschen," den bestreitbaren Satz: „Wie der Styl, so der Charakter."

---

de natura rerum, 1, 79, zurückführen wollen; doch man übersieht, daß gerade das für den Ausdruck charakteristische Adjektivum bei dem lateinischen Dichter fehlt.

Das Wort des Müllers von Sanssouci: „Ja, wenn das Berliner Kammergericht nicht wäre," ist durch die Beherzigung, die Friedrich der Große ihm schenkte, gewiß zu einem historisch wichtigen Worte geworden; doch können wir nicht behaupten, daß es bei uns ein sprichwörtliches Citat geworden sei, um auszudrücken, daß einem hochherzigen Manne Recht vor Macht geht; es ist aber nicht überraschend, daß dasselbe bei den Beziehungen des preußischen Herrschers zur französischen Literatur einem französischen Schriftsteller den Stoff zu einer kleinen poetischen Erzählung geliefert hat, und daß der Vers aus **Andrieux**'s „Müller von Sanssouci:"

Oui, si nous n'avions pas des juges à Berlin,

Ja, wenn wir nicht Richter in Berlin hätten,

in die volkstümliche Fassung:

Il y a des juges à Berlin

umgewandelt worden ist, in welcher französischen Fassung er selbst in Deutschland citirt wird. Auch Florian hat in seiner Fabel „Le calife" denselben Gegenstand bearbeitet; nur wird aus Sanssouci ein Palais bei Bagdad und aus Friedrich ein Kalif.

Das Wort:

les extrêmes se touchent

Extreme berühren sich

finde ich zuerst bei **Anquetil**, in seinem Werke: „Louis XIV., sa Cour et le Régent" (Paris, 1789) im 1. Bande (Jahre 1674—80), ohne daß ich wagen möchte, Anquetil als den Erfinder zu bezeichnen.

Das Motto **Beaumarchais**':

Ma vie est un combat,

Mein Leben ist ein Kampf,

welches lebhaft an das Wort Goethe's im „Westöstlichen Divan" (Buch des Paradieses. Einlaß) erinnert:

Denn ich bin ein Mensch gewesen,
Und das heißt ein Kämpfer sein,

ist aus Voltaire's „Mahomet," II, 3, der wiederum damit das im 96. Briefe Seneca's enthaltene:

Vivere (mi Lucili) *est militare,*

Leben, (mein Lucilius,) heißt kämpfen,

kopirte.

Noch haben wir einiger von Deutschen sehr häufig angewendeten Titel zu erwähnen, zuerst:

Embarras de richesses,

Reichtumsnot,

Titel einer 1782 aufgeführten Oper **Gourdet de Santerre**'s.

Les enfants terribles,

ist ein Titel, welchen der berühmte, 1865 gestorbene Satirenzeichner **Gavarni** (Paul Chevalier) für eine seiner komischen Bilderfolgen erfand.

Chronique scandaleuse

ist der Titel einer historischen Schrift über Louis XI., deren Verfasser wahrscheinlich **Jean de Troyes** ist.

Le spectre rouge (de 1852)
Das rothe Gespenst (von 1862)

ist der Titel einer 1851 erschienenen Broschüre von **Romieu**.

Aus Opern dürften als bei uns bekannt angesehen werden:

Où peut-on être mieux qu'au sein de sa famille?

Wo ist es besser, als im Schoß der Familie?

aus **Marmontel**'s von Grétry komponirten Oper „Lucile" und:

Ils sont passés, ces jours de fête,

Sie sind vorbei jene festlichen Tage,

aus seiner ebenfalls von Grétry in Musik gesetzten Oper: „Le Tableau parlant.“

Zum Schluß haben wir eines sehr gebräuchlichen Ausdrucks zu erwähnen, für den uns die Erklärung fehlt. Allerdings wissen wir bei

tout comme chez nous,

ganz wie bei uns,

ungefähr die Richtung, in welcher die Erklärung zu suchen ist, weil wir in dem 19. Briefe der Lady Montague aus Adrianopel, April 1717, lesen: „Was die Moral oder das gute Betragen der türkischen Damen betrifft, so kann ich, wie Harlequin sagen, daß es grade eben so ist wie bei Euch (that 't is just as with you), und weil Voltaire wiederholt in seinen Briefen, z. B. an Bailly vom 3. Februar 1776 auf italiänisch die „Worte Arlequin's“ citirt: „Tutto 'l mondo è fatto come la nostra famiglia (Alle sind wie unsre Familie).“ Also auf Arlequin und bis auf das Jahr 1717 sind wir gewiesen, ohne daß das Dunkel für jetzt dadurch erheblich heller wird.

Denjenigen, welche sich über die in Frankreich gebräuchlichen literarischen und historischen Citate in angenehmer Weise unterrichten wollen, sind zwei höchst anziehende, geistvoll geschriebene Werke Edouard Fournier's zu empfehlen: l'Esprit des autres, 4. Auflage und l'Esprit dans l'histoire, 3. Auflage, beide bei E. Dentu erschienen.

III.

Englische Citate.

Es giebt in der Literatur kein zweites Beispiel, daß ein Volk einen ausländischen Schriftsteller durch Uebersetzung, Lektüre, kritische Betrachtung und scenische Darstellung so zu dem seinigen gemacht hätte, wie wir Shakespeare. Es ist daher erklärlich, daß er zu den geflügelten Worten, die wir der englischen Sprache entlehnen und verdanken, am reichlichsten beisteuert. Hamlet ist dasjenige seiner Dramen, welches die reichste Ausbeute liefert; ihm folgen Heinrich der Vierte und Cäsar, während aus den übrigen nur vereinzelte Worte losgelöst worden sind.

Schon in der 2. Scene des 1. Akts im „Hamlet" heißt es:

Schwachheit, dein Nam' ist Weib!

Frailty, thy name is woman!

woraus **Raupach** in den „Schleichhändlern," Akt 2, gegen Ende, die bekannte Travestie gebildet hat:

O Verstellung, dein Name ist Kickebusch!

Ebenda heißt es:

Er war ein Mann, nehmt Alles nur in Allem,
Ich werde nimmer seines Gleichen sehn,

He was a man, take him for all in all,
I shall not look upon his like again,

wie auch Antonius vom Brutus im Cäsar, Akt 5, Sc. 5 sagt:

Dies war ein Mann!

This was a man!

Eins der vielgebrauchtesten Citate, das selbst von Leuten angewendet wird, die kaum eine Ahnung von der Existenz Shakespeare's haben, ist aus Akt 1, Sc. 4:

Etwas ist faul im Staate Dänemark.

Something is rotten in the state of Denmark.

Fast dasselbe gilt von den Worten in Akt 1, Sc. 5:

Es giebt mehr Ding' im Himmel und auf Erden,
Als Eure Schulweisheit sich träumen läßt.

There are more things in heaven and earth, Horatio,
Than are dreamt of in your philosophy.

Gegen Ende derselben Scene heißt es:

Die Zeit ist aus den Fugen.

The time is out of joint.

Auch der 2. Akt enthält eine Reihe bekannter Worte. Aus Worten des Polonius in der 2. Scene ist entwickelt worden:

Kürze ist des Witzes Seele,

Brevity is the soul of wit,

und wörtlich werden aus derselben Scene oft citirt die Worte der Königin:

Mehr Inhalt, wen'ger Kunst;

More matter, with less art;

wiederum die Worte des Polonius:

Ist dies schon Tollheit, hat es doch Metode;

Though this be madness, yet there is method in it;

und drei Worte Hamlet's:

Kaviar für das Volk;

Caviare to the general;

Behandelt jeden Menschen nach seinem Verdienst, und wer ist vor Schlägen sicher?

Use every man after his desert, and who should 'scape whipping?

und:

Was ist ihm Hekuba, was ist er ihr,
Daß er um sie soll weinen?

What 's Hecuba to him, or he to Hecuba,
That he should weep for her?

Aus dem berühmten Monologe Hamlet's in der 3. Scene des 2. Akts sind die Worte:

Sein oder Nichtsein, das ist hier die Frage,

To be or not to be, that is the question,

und:

Der angebor'nen Farbe der Entschließung
Wird des Gedankens Blässe angekränkelt;

And thus the native hue of resolution
Is sicklied o'er with the pale cast of thought.

Ferner enthält diese Scene Ophelia's:

O welch' ein edler Geist ist hier zerstört.

O what a noble mind is here o'erthrown.

Noch haben wir aus Akt 1, Sc. 1, Hamlet's Ausruf zu merken:

Ach, armer Yorik!

Alas, poor Yorik!

Bekanntlich veröffentlichte Lorenz Sterne seine „sentimentale Reise“ wie seine „Predigten“ unter dem Namen Yorik, womit er sich keine geringe Schmeichelei sagte, da Hamlet den Yorik einen „Burschen von unendlichem Humor, voll von den herrlichsten Einfällen“ nennt.

Endlich werden aus Akt 5, Sc. 2, Hamlet's letzte Worte citirt:

Der Rest ist Schweigen.

The rest is silence.

Aus dem ersten Theil „König Heinrich's des Vierten" bietet uns Akt 2, Sc. 4, die Worte des Kellners Franz:

Gleich, Herr, gleich!

Anon, Sir, anon!

und die drei Worte Falstaff's:

So lag ich und so führt' ich meine Klinge,

Here I lay, and thus I bore my point.

(Wenn Gründe) so gemein wie Brombeeren (wären),

(If reasons were) *as plenty as blackberries,*

und:

Hol' die Pest Kummer und Seufzen! Es bläst einen Menschen auf wie einen Schlauch.

A plague of sighing and grief; it blows a man up like a bladder.

Akt 5, Sc. 1, gegen Ende finden wir Falstaff's, von Goldsmith in der Komödie „She stoops to conquer," Akt 1, Sc. 1 citirte Worte:

Ich wollt', es wäre Schlafenszeit und Alles wär' vorbei,

die trotz ihres rythmischen Falls nur die Uebersetzung der ungebundenen Worte sind:

I would it were bedtime, Hal, and all well.

Akt 5, Sc. 4 sagt Prinz Heinrich, als er den sich todt stellenden Falstaff unter den Gefallenen auf dem Schlachtfelde erblickt:

Ich könnte besser einen Bessern missen,

I could have better spared a better man,

und ebenda sagt Falstaff:

Das bessere Theil der Tapferkeit ist Vorsicht,

The better part of valour is discretion,

was wiederum ungeachtet der rythmischen Gliederung schlichte Prosa ist.

Im zweiten Theil, Akt 4, Sc. 4 haben wir des Königs Worte:

Dein Wunsch war des Gedankens Vater, Heinrich.

Thy wish was father, Harry, to that thought.

In „Julius Cäsar," Akt 1, Sc. 2 sagt Cäsar:

Er denkt zu viel; die Leute sind gefährlich.

He thinks too much; such men are dangerous.

Das in Akt 3, Sc. 1 vorkommende Wort des Antonius:

Zuletzt, doch nicht der letzte meinem Herzen,

Tho' last, not least in love,

ist uns in der Form, in der es König Lear, Akt 1, Sc. 1 zu seiner Tochter Cordelia spricht:

Du jüngste, nicht geringste,

Although the last, not least,

geläufiger, obgleich auch Shakespeare es bereits in der Literatur und zwar in Spenser „Colin Clout," 444, vorfand.

Im Akt 3, Sc. 2 finden wir die Worte des Antonius:

Denn Brutus ist ein ehrenwerter Mann;
Das sind sie Alle, Alle ehrenwert.

For Brutus is an honourable man,
So are they all, all honourable men.

Das bekannte Wort:

Bei Philippi sehen wir uns wieder,

ist eine Umwandlung einer aus Plutarch, Cäsar, Kap. 96 entlehnten Stelle in Shakespeare's Cäsar, Akt 4, Sc. 2. — In „Heinrich dem Fünften" ist Nym mit dem vielfach wiederkehrenden Worte (z. B. Akt 2, Sc. 1) ausgestattet:

Das ist der Humor davon.

That is the homour of it.

Aus Akt 4, Sc. 3 führen wir ein uns nur in der englischen Form:

Household words
Alltagsworte

geläufiges Wort an. Es ist uns dadurch so bekannt geworden, daß Charles Dickens es zum Titel eines viel gelesenen literarischen Unterhaltungsblattes gewählt hatte.

Aus „Richard III.," Akt 4, Sc. 3 ist bekannt:

Futter für Pulver (oder:) Kanonenfutter,

und aus Akt 5, Sc. 4:

Ein Pferd! ein Pferd! (m)ein Königreich für'n Pferd!
A horse! a horse! my kingdom for a horse!

Bei dem Citiren wird dies Wort häufig travestirt, so daß statt „ein Pferd" der jedesmalige Gegenstand des Wunsches des Sprechenden gesetzt wird, eben so wie wir das Citat aus „Lear," Akt 4, Sc. 6:

Jeder Zoll ein König!
Ay, every inch a king!

je nach Bedürfniß in: „Jeder Zoll ein Parvenü, jeder Zoll ein Blaustrumpf" u. s. w. travestiren.

Aus dem „Sommernachtstraum," Akt 5, Sc. 1 entnehmen wir, um es ironisch einem großprahlenden Redner zuzurufen:

Gut gebrüllt, Löwe!
Well roared, lion!

Der „Kaufmann von Venedig" giebt uns in Akt 2, Sc. 2 Lanzelot's Worte:

Das ist ein weiser Vater, der sein eignes Kind kennt,
It is a wise father, that knows his own child,

und aus Akt 4, Sc. 1 für denjenigen, der auf ein Blatt beschriebenes Papier schwört:

Ich steh' hier auf meinen Schein.
I stay here on my bond.

Aus dem „Sturm,“ Akt 2, Sc. 2 ist uns bekannt:

> Die Not bringt Einen zu seltsamen Schlafgesellen,
>
> *Misery acquaints a man with strange bedfellows,*

und da in „Die lustigen Weiber von Windsor,“ Akt 2, Sc. 1 der aus Heinrich dem Fünften wohlbekannte Nym auftritt, so bringt er auch hier wieder sein:

> Das ist der Humor davon,
>
> *There is the homour of it,*

an; aus „Romeo und Julie,“ Akt 2, Sc. 2 wird citirt:

> Was ist ein Name? Was uns Rose heißt,
> Wie es auch hieße, würde lieblich duften,
>
> *What 's in a name? that which we call a rose,*
> *By any other name would smell as sweet,*

und aus „Macbeth,“ Akt 1, Sc. 5 das Wort der Lady Macbeth:

> zu voll von Milch der Menschenliebe,
>
> *too full o' the milk of human kindness,*

woraus Schiller (siehe S. 34) schöpferisch Tell's Worte, Akt 4, Sc. 3 entlehnt hat:

> In gährend Drachengift hast du
> Die Milch der frommen Denkart mir verwandelt.

Zu diesen Shakespeare=Citaten kommen nun noch vereinzelte aus verschiedenen Schriftstellern. Der gutmütige Goldsmith hat es schwerlich geahnt, daß die im 2. Akte seiner Komödie „Der gute Mann“ vorkommenden Worte Lofty's:

> Maßregeln, nicht Menschen,
>
> *Measures, not men,*

einst ein mit Erbitterung angewendetes politisches Stichwort werden würden. So sagt der Verfasser der „Juniusbriefe“ in offenbarer Unkunde über die Quelle des Citats: „Maßregeln und nicht Männer ist der gewöhnliche Ruf angeblicher

Mäßigung. Das ist eine elende Heuchelei, von Schurken aufgebracht und von Narren in Umlauf gesetzt" und Burke in seinen „Gedanken über die Gründe der jetzigen Unzufriedenheit," 1773, äußert sich also: „Von diesem Kaliber ist die heuchlerische Phrase: Maßregeln, nicht Menschen, eine Art Zaubermittel, wodurch Manche sich jede Ehrenpflicht abschütteln."

Das gelegentlich einmal von **Johnson** gebrauchte und uns von seinem Biographen Boswell (im 66. Lebensjahre Johnson's) mitgetheilte:

Hell is paved with good intentions,

Die Hölle ist mit guten Vorsätzen gepflastert,

führt Walter Scott in der „Braut von Lammermoor," B. 1, K. 7, nur insofern richtig auf einen englischen Theologen zurück, als Georg Herbert († 1652) in seinen „Jacula prudentum" denselben Gedanken in der Form:

Hell is full of good meanings and wishings,

enthält. Wir Deutsche dürfen uns rühmen, dem Worte in der uns geläufigeren Umwandlung:

Der Weg zur Hölle ist mit guten Vorsätzen gepflastert,

eine vollendetere Form gegeben zu haben.

Das Wort aus **Benjamin Franklin**'s „Weg zum Reichtum:"

Three removes are as bad as a fire,

Dreimal umzieh'n ist so schlimm, wie einmal abbrennen,

ist jedem Deutschen geläufig; eben daher ist, jedoch fast nur in der englischen Form, bekannt:

Early to bed and early to rise makes a man healthy, wealthy and wise.

Früh zu Bett und Frühaufstehn macht gesund, reich und klug.

Aus **Campbell's** „Lochiel's (sprich: Lokkeiel's) Warning" ist das von Byron als Motto für seinen „Corsair" gewählte:

(T' is the sunset of life gives me mystical lore
And) *coming events cast their shadow before,*

(Der Abend des Lebens giebt mir geheimnißvolle Weisheit
Und) künftige Ereignisse werfen ihren Schatten voraus.

Wordsworth bietet aus: „My heart leaps up" das von Lewes zum Motto des ersten Bandes von „Goethe's Leben" auserkorene:

The child is the father of the man.

Das Kind ist des Mannes Vater.

Das durch einen modernen Roman zu frischem Leben geweckte:

Wissenschaft ist Macht,

knowledge is power,

gehört ursprünglich **Bacon**, der in seinen „Meditationes sacrae (de haeresibus)" sagt:

Nam et ipsa scientia potestas est.

Endlich ist das jedem Deutschen geläufige Wort:

Trotz alledem und alledem,

die von Freiligrath geschaffene Uebersetzung des in dem Gedichte des Schotten **Robert Burns**: „Is there for honest poverty" vorkommenden:

For a' that and a' that.

In englischer Sprache citiren wir häufig:

My house is my castle,

Mein Haus ist meine Burg,

die Umformung eines Rechtsspruchs des Sir **E. Coke**, der im 3. Theil seiner „Institutes," S. 162 im Abschnitt: „Gegen das Bewaffnetgehen" den Satz: „Es darf Jemand Freunde und Nachbarn versammeln, um sein Haus gegen Diejenigen zu vertheidigen, welche ihn berauben oder tödten oder ihm darin Gewalt thun wollen" mit den Worten begründet:

For a man's house is his castle.

Denn eines Mannes Haus ist sein Schloß.

Vielleicht möchte noch **Cowper** wegen des in „The task," Buch 4 enthaltenen und zur allgemein gültigen Bezeichnung des englischen Nationalgetränks, des Thee's, gewordenen Wortes zu nennen sein:

The cups,
That cheer, but not inebriate,

Die Schalen,
Die erheitern, nicht berauschen.

Aus **Byron**'s Tagebuch sind bekannt die von ihm mit Bezug auf den unerwarteten Erfolg der beiden ersten Gesänge seines „Childe Harold" geschriebenen Worte:

I awoke one morning and found myself famous.

Ich erwachte eines Morgens und fand mich berühmt.

Time is money,

Zeit ist Geld,

scheint dem griechischen Philosophen **Theophrast**, dem Schüler und Nachfolger des Aristoteles entlehnt. In seiner von Diogenes Laertius verfaßten Lebensbeschreibung wird ihm der Ausspruch zugeschrieben: „Eine kostbare Ausgabe ist die Zeit." Es überrascht nicht, daß gerade die Engländer, das Handelsvolk per excellence, sich diesen Ausspruch angeeignet haben und daß der erste Uebersetzer als praktischer Engländer den abstrakten Ausdruck „kostbare Ausgabe" mit klingendem, baarem „Geld" vertauscht hat.

Leider kann ich dem Leser, der sich über die in England und von Engländern gebrauchten geflügelten Worte unterrichten will, kein irgendwie lesbares Buch empfehlen, was bei den hübschen Vorarbeiten der Engländer und bei ihrem feinen ausgeprägten Sinn für Eigentümlichkeit Wunder nimmt.

Sie besitzen nichts als umfangreiche, des Guten meist zu viel thuende Sammelwerke, unter denen Friswell's Familiar words eine der besten sein möchte. Da mein Buch auch in England freundliche Aufnahme findet, so veranlassen vielleicht diese Worte einen fleißigen Sammler, sich endlich einmal die so lohnende Aufgabe einer Sichtung geflügelter englischer Worte zu stellen und damit eine Lücke der englischen Literatur auszufüllen.

IV.

Italienische Citate.

Ein italienisches Citat, dem man häufig genug, auch in komischer Anwendung, begegnet, um es als einen Bestandtheil des deutschen Citatenschatzes ansprechen zu können, ist der letzte Vers der Inschrift über der Eingangspforte zur Hölle in **Dante's** „göttlicher Komödie," Hölle, Gesang 3, V. 9:

Lasciate ogni speranza, voi ch' entrate,
Laßt jede Hoffnung hinter Euch, Ihr, die Ihr eintretet,

ein Vers, den man z. B. Demjenigen zurufen kann, der in ein schlechtes Theater geht. Dann citirt man vielleicht noch aus Gesang 5, V. 121 der „Hölle," was Byron seinem „Corsair" zum Motto gegeben hat:

Nessun maggior dolore
Che ricordarsi del tempo felice
Nella miseria.

Kein größerer Schmerz,
Als sich erinnern glücklich heit'rer Zeit
Im Unglück.

Der Gedanke dieser Dante'schen Verse findet sich übrigens bereits in Boethius, „Tröstung der Philosophie," B. 2, K. 4. —

Il dolce far niente
Das süße Nichtsthun

ist die Uebersetzung des in den Briefen des jüngeren Plinius 8, 9 enthaltenen:

Illud jucundum nil agere,

und es ist nicht zu verwundern, daß gerade die Italiener sich dieser Stelle bemächtigt haben, da Nichtsthun nirgend süßer ist als in Italien.

Der Autor von:

Il meglio è il inimico del bene

Das Bessere ist der Feind des Guten,

ist mir unbekannt; den italienischen Ursprung bestätigen Voltaire's Verse im Gedichte „La bégueule:“

Dans ses écrits un sage Italien
Dit que le mieux est l'ennemi du bien. —

Zum Kriegführen sind dreierlei Dinge nöthig: Geld, Geld, Geld,

findet sich in **Montecuccoli's** „Memorie militari,“ B. 1, Kp. 2, Titel 5. Es heißt dort: „Wie kann man sich also wundern, daß .... Jemand, nach den zum Kriege nothwendigen Dingen befragt, antwortete: Es seien drei: Geld, Geld, Geld. —

Se non è vero, è ben trovato

scheint aus dem Ende des ersten Theils des „Don Quixote“ des Cervantes in das Italienische übersetzt, der den Leser daselbst auf noch andere Nachrichten vertröstet: „welche, wenn nicht eben so wahr..., wenigstens von eben so großer Erfindungsgabe sind.“

V.

Griechische Citate.

Auch diesen Abschnitt beginnen wir zunächst mit jenen deutschen Worten, welche aus griechischen Quellen stammen, wie der im **Homer** vielfach zur Bezeichnung menschlicher und göttlicher Rede wiederkehrende Ausdruck:

ἔπεα πτερόεντα,

dessen Uebersetzung:

Geflügelte Worte (nicht: fliegende Worte)

durch Johann Heinrich Voß bei uns eingebürgert ist. Seit dem Erscheinen dieses Buches wird dieser Ausdruck bereits allgemein auf den hier behandelten Stoff, d. h. auf die aus Schriftstellern oder sonst quellenmäßig nachweisbaren und gäng und gäbe gewordenen Citate, angewendet, so daß der Verfasser sich selbst als Urheber dieser zweiten Bedeutung hier nennen darf.

Wie **Scipio** im Jahre 146 vor Christo Angesichts der vor ihm und seinem Begleiter Polybius in Flammen aufgehenden Stadt Carthago, vielleicht auch in Vorahnung des künftigen Schicksals Roms, die Worte, die in der „Iliade," B. 4, V. 164 u. 165 Agamemnon, und B. 6, V. 448 u. 449 Hector sprechen:

Ἔσσεται ἦμαρ ὅτ' ἄν ποτ' ὀλώλῃ Ἴλιος ἱρὴ
Καὶ Πρίαμος καὶ λαὸς ἐϋμμελίω Πριάμοιο,

Einst wird kommen der Tag, da die heilige Ilios hinsinkt,
Priamos selbst und das Volk des lanzenkundigen Königs,

citirte, so sprechen wir mit dem an Troja, Karthago und Rom erinnernden Versanfang:

Einst wird kommen der Tag,

noch heute im Alltagsleben unsere Ueberzeugung aus, daß irgend etwas stolz sich Erhebendes einst zusammenbrechen wird. —

Ueber die Stelle der „Iliade:“

Auch Patroklus ist gestorben,

siehe S. 21.

Auch aus der „Odyssee“ haben wir einen Vers, den 598sten des 11. Buches:

αὖτις ἔπειτα πέδονδε κυλίνδετο λᾶας ἀναιδής.

Wieder darauf fiel zur Erde hinab das schamlose Felsstück,

deswegen zu erwähnen, weil Voß in seiner Uebersetzung die bloße Tonmalerei des in lauter Daktylen dahin stürzenden Hexameters durch Worte also wiedergeben zu müssen glaubte:

Hurtig mit Donnergepolter (entrollte der tückische Marmor),

und die drei ersten, im griechischen Texte gar nicht vorhandenen Wörter dieser Uebersetzung zu einem nicht unhäufigen Citate geworden sind.

Aus zwei in der „Iliade,“ 1, 599, und der „Odyssee,“ 8, 326, gleichlautenden Stellen, in denen vom „unauslöschlichen Gelächter der seligen Götter“ die Rede ist, haben wir, ohne zu wissen nach wessen Vorgang, das

homerische Gelächter

hergestellt.

Durch einen der ältesten Dichter Griechenlands, den **Hesiod**, ist der tiefsinnige Spruch:

Die Hälfte ist mehr als das Ganze

bekannt. Hesiod gebraucht ihn im 30. Verse des an seinen Bruder Perses gerichteten Gedichtes: „Werke und Tage.“

Beide Brüder hatten das väterliche Erbtheil unter sich getheilt; die ungerechten Richter, die den armen Poeten nöthigten, die Hälfte seines Eigentums dem Perses zu überlassen, nennt er in jenem Verse: „Thoren! Nicht wissen sie, um wieviel die Hälfte mehr ist als das Ganze!“ Denn Hesiod verwaltete den Rest seiner Habe so weise, daß er nichts eingebüßt zu haben schien, während sich des Bruders Vermögen durch Trägheit mehr und mehr verringerte. — Jedoch citirte Hesiod nur ein Wort, welches, nach Diogenes Laertius, einer der sieben Weisen, Pittakus, sagte, als ihm die Mytilener einen Acker schenken wollten, er jedoch nur einen Theil davon annahm. — Dasselbe Wort legt Jamblichus im 29. Kapitel dem Pythagoras bei.

Aus den „Fabeln“ **Aesop**'s sind mehrere Redensarten durch die griechischen Hinkjamben des Babrius, die lateinische Uebersetzung des Phaedrus und durch deutsche Uebertragungen wie durch Wasserrinnen bis in die heutige Verkehrssprache hinabgerieselt. Wie jener Fuchs in der 15. Fabel des Aesop (ich citire stets die Schneider'sche Ausgabe) sagen wir, das Mißlingen unserer Pläne nicht dem eigenen Ungeschick, sondern den Umständen zuschreibend:

Die Trauben sind sauer,

wenn sie einfach nur zu hoch hängen.

Aus der 62sten entlehnen wir:

Eine Schlange am Busen nähren;

aus der 101sten:

Sich mit fremden Federn schmücken;

aus der 147sten den

Löwenantheil,

d. h. den unverschämt großen Antheil, den sich der Stärkere kraft des Rechtes des Stärkeren zuspricht.

Herkules am Scheidewege,

beruht, wie wir in Xenophon's „Denkwürdigkeiten,“ 2, 1, 21,

durch den Mund des Sokrates erfahren, auf einer (von Tiedge in seinem Gedichte „Herakles" bearbeiteten) Erzählung des Sophisten **Prodikus** in seinen „Horen," einem Werke über Herkules.

Eine Schwalbe macht keinen Sommer,

heute ein Sprichwort im Gebrauche des gemeinen Mannes, stammt aus des **Aristoteles** „Nikomachischer Ethik," 1, 6. Der Arzt und medizinische Schriftsteller **Hippokrates** hat im Anfange seiner Schrift „Prognostikon" ein Menschenantlitz, auf welchem sich die Kennzeichen des nahenden Todes einstellen, so vortrefflich zu schildern gewußt, daß man noch jetzt ein solches Gesicht

Hippokratisches Gesicht

nennt. Nach **Sokrates** (siehe Diogenes Laertius) citiren wir:

„Wir leben nicht, um zu essen; wir essen, um zu leben."

In griechischer Sprache selbst wird gesprächsweise wenig citirt; doch ist die einzeilige Gnome **Menander**'s:

Ὁ μὴ δαρεὶς ἄνθρωπος οὐ παιδεύεται,

Der Mensch, der nicht kasteit wird, wird auch nicht erzogen,

dadurch allgemein bekannt, daß sie Goethe als Motto vor den ersten Theil seiner Selbstbiographie gestellt hat. Als bekannte Worte können auch die beiden folgenden Inschriften des Apollotempels in Delphi gelten:

γνῶθι σεαυτόν,
Erkenne dich selbst,

das einem der sieben Weisen, bald dem **Thales**, bald dem **Chilon**, bald Anderen zugeschrieben wird, und das von Terenz, „Andria," I, 1, durch

Ne quid nimis

übersetzte

μηδὲν ἄγαν,
Nichts zu viel,

das, bald auf **Chilon**, bald auf **Solon** zurückgeführt,

öfters von griechischen Dichtern citirt wird, wie von Theognis im 335. Verse der „Elegieen" in der Bergk'schen Ausgabe, und von Pindar (Schneider, „Fragmente des Pindar," S. 73).

Citirt werden ferner das häufig im **Homer** vorkommende:

> Θεῶν ἐν γούνασι κεῖται,
>
> Es liegt im Schoße der Götter,

und aus der „Iliade," 2, 204 u. 205:

> Οὐκ ἀγαθὸν πολυκοιρανίη, εἷς κοίρανος ἔστω,
> Εἷς βασιλεύς.
>
> Nicht gut ist die Vielherrschaft; Einer soll Herrscher sein,
> Einer König.

Wohl möchten auch des **Thucydides**, 1, 22:

> Κτῆμα ἐς ἀεὶ,
>
> Besitztum auf immer,

Pindar's „Olympia," 1, 1:

> Ἄριστον μὲν ὕδωρ, [23])
>
> Das Beste ist das Wasser,

Hesiod's in den „Werken und Tagen," V. 266, enthaltener Ausspruch:

> Τῆς δ'ἀρετῆς ἱδρῶτα θεοὶ προπάροιθεν ἔθηκαν,
>
> Den Schweiß stellten die Götter vor die Tugend,

wie des **Aristoteles** („Polit.", I, 1, 9) Bezeichnung des Menschen als

> πολιτικὸν ζῶον
>
> politisches Geschöpf

nicht ausschließlich der gelehrten Welt allein angehören.

Die gelehrten Herren selbst aber betrachten nicht die griechische, sondern die lateinische Sprache als die eigentliche

Citatensprache, und daher sind uns manche eigentlich griechische Worte nur in dem lateinischen Gewande geläufig. Wenn uns auch das

Ipse dixit,

Er selbst hat's gesagt,

das uns **Cicero** „de natura deorum“ I, 5, 10, als das Wort aufbewahrt hat, womit die Schüler des Pythagoras des Meisters Lehren priesen, und welches wir gebrauchen, um irgend ein Wort ironisch oder nicht ironisch als den unumstößlichen Ausspruch eines überlegenen Geistes zu bezeichnen, in der lateinischen Form ebenso zur Hand ist, wie sein griechisches Vorbild:

αὐτὸς ἔφα (sprich: autóß éffa),

das uns der Scholiast zu dem 196. Verse der „Wolken“ des Aristophanes erhalten hat, so citiren wir doch die einst einem Fünfkämpfer, der damit prahlte, daß er in Rhodus einen gewaltigen Sprung gethan, ertheilte Antwort: „Freund, ist es wahr, so brauchst du keine Zeugen,“

αὔτη γὰρ Ῥόδος καὶ τὸ πήδημα.

nicht nach der Aesopischen Fabel (33 bei Schneider) in dieser seiner griechischen Form, sondern in seiner lateinischen Umgestaltung:

Hic Rhodus, hic salta.

Hier ist Rhodus, hier springe.

Wahrscheinlich ist auch

De mortuis nil nisi bene,

Ueber die Todten (sprich) nur Gutes,

nur eine freie Uebersetzung des von Diogenes Laertius (Chilon 1, 3, 70) überlieferten Wortes des **Chilon**:

τὸν τεθνηκότα μὴ κακολογεῖν.

Wir citiren die in dem Scholion zu **Sophokles**, „Antigone," 620, angeführten schönen Verse eines unbekannten griechischen Tragikers:

῞Οταν δ' ὁ δαίμων ἀνδρὶ πορσύνῃ κακά
Τὸν νοῦν ἔβλαψε πρῶτον, ᾧ βουλεύεται,

lieber in schlechtem Latein und sagen:

Quos Deus perdere vult, dementat prius.
Die, welche Gott verderben will, verblendet er vorher.

Wir finden in einer Stelle **Plutarch**'s: „Ueber den Schmeichler und den Freund," K. 35, wo als Chorführer der Schmeichler im Gefolge Alexander's ein gewisser Medius auftritt, der „kühn mit Verleumdungen zu packen und zu beißen ermuntert, damit, wenn auch des Gebissenen Wunde heilt, doch die Narbe der Verleumdung bleibe," die Grundlage eines vielleicht zuerst von Baco „de dignitate et augmentis scientiarum," B. 8, K. 2, mitgetheilten sprichwörtlichen Ausdrucks:

Audacter calumniare, semper aliquid haeret,
Verleumde kühn; Etwas bleibt immer haften,

was schon vor Baco Melanchthon's Freund, Caspar Peucer, in seiner „Historia Carcerum," (Tiguri 1605), p. 57, also hatte: Sycophanta Medius jactare fuit ausus: calumniandum esse audacter; semper enim aliquid adhaerescere. Quitard irrt sich, wenn er in seinem „Dictionnaire des Proverbes" die französische Fassung dieses Worts:

Calomniez, calomniez; il en reste toujours quelque chose

auf Beaumarchais zurückführt und dessen „Basile" damit ausstattet, der es so nirgend sagt, weder im „Barbier von Sevilla," noch in der „Hochzeit des Figaro," wenn auch seiner Rolle gemäß allerdings sehr Aehnliches. — Man löst auch wohl, wie Goethe im „Faust" Theil II., Akt 1 durch den Mund der Alekto oder im zehnten Buche von „Wahr=

heit und Dichtung," wo Herder ihm den Ovid verleidet, das letzte Glied des lateinischen Doppelsatzes ab und wendet dann:

Immer bleibt etwas hängen,
Semper aliquid haeret,

auf lange haftende Spuren starker Einflüsse und Eindrücke an.

Amicus Plato, sed magis amica veritas
Lieb ist mir Plato, doch lieber ist mir die Wahrheit

findet sich bereits in einer der besten Sprichwörtersammlungen der Welt, in Cervantes „Don Quixote," Th. 2, Kap. 48. Dies Wort des **Aristoteles** muß jedoch nach Ammonius (Leben des Aristoteles) eigentlich lauten: Lieb ist mir Sokrates, aber lieber ist mir die Wahrheit. (Vergleiche Aristot. Nikomachische Ethik 1, 6.)

Wir wenden sogar einen im **Plato**, „Gorgias," K. 1, vorkommenden, sprichwörtlichen Ausdruck stets in der lateinischen Form an:

post festum,
nach dem Fest,

d. h. zu spät, wenn Alles, weswegen man kommt, vorüber ist, obgleich sich die Römer dieses Ausdrucks selbst nicht bedienten.

Des **Horaz**:

Vestigia terrent,
Die Spuren (der von dir getödteten Thiere) schrecken (mich zurück),

in „Epist." 1, 1, 74 citirt man lateinisch, nicht aber die entsprechende griechische Stelle aus der äsopischen Fabel (140 bei Schneider); und das sprichwörtliche:

Ὤδιvεν ὄρος· εἶτα μῦν ἀπέτεκεν,
Der kreisende Berg gebar eine Maus,

und wie La Fontaine, 5, Fab. 10, es für die Franzosen übersetzt:

La montagne en travail enfanta une souris,

hat Horaz mit seiner freien Uebersetzung in V. 139 der Ars poëtica:

Parturiunt montes, nascetur ridiculus mus,

vollständig verdrängt.

Ein griechisches Wort des **Heraklit**, das auf Aristoteles, 1, 5, „de partibus animalium," beruht, ist in seiner lateinischen Form:

Introite, nam et hic Dii sunt,

Kommt herein, denn auch hier sind Götter,

wie man sonst in der Vorrede zu Aulus Gellius ohne alle handschriftliche Gewähr las, bis Salmasius statt dessen den heraklitischen Spruch: „Vielwisserei belehrt den Geist nicht" richtig setzte, uns dadurch sehr bekannt geworden, daß es Lessing als Motto seines „Nathan" angewendet hat.

Wenn wir den bei uns in der Form:

Eine Hand wäscht die andere,

bei den Franzosen in der Form:

Une main lave l'autre,

sprichwörtlich gewordenen Ausspruch des griechischen Dichters **Epicharmus** in antiker Gestalt citiren, so thun wir es nicht in der im „Axiochus" des Plato und im Dialog 3, 6 des Philosophen Aeschines griechisch mitgetheilten, sondern in der lateinischen, die bei Seneca in der Verkürbissung des Claudius und bei Petronius, „Satiren," K. 45:

Manus manum lavat

lautet. Ebenso citiren wir den Anfang der „Aphorismen" des **Hippokrates** nur in der lateinischen Form:

Vita brevis, ars longa,

das im 1. Theile des Goethe'schen „Faust“ von Wagner mit

Ach Gott! die Kunst ist lang,
Und kurz ist unser Leben,

und von Mephistopheles vor der Schülerscene in der Unterredung mit Faust:

Die Zeit ist kurz, die Kunst ist lang,

übersetzt wird; einen im Plutarch „de defectu oraculorum,“ 3, auf **Alcäus** zurückgeführten Ausdruck in der lateinischen Form:

Ex ungue leonem,
Aus der Kralle den Löwen,

einen griechischen Spruch des **Epiktet** in der von Aulus Gellius, 17, 19, 6, mitgetheilten lateinischen Form:

Sustine et abstine,
Leide und meide,

und die nach Diogenes Laertius von **Zeno** aufgestellte und von Plutarch in „die Menge der Freunde“ citirte Definition des Freundes in der lateinischen Form:

Alter ego,
Ein zweites Ich,

wobei wir bemerken, daß Alter ego in der Sprache der Politik späterhin die Bedeutung eines Stellvertreters der souveränen Gewalt angenommen hat.

Auch ist

In vino veritas
Im Weine die Wahrheit

nichts als eine erläuternde Uebersetzung des von Plutarch im „Artaxerxes,“ K. 15 und von Athenäus, 2, 6, erhaltenen Sprichwortes: „Der Wein ist die Wahrheit.“ — Der in Plutarch's „Cleomenes,“ K. 27, vorkommende Ausdruck:

Nervus rerum

für Geld wäre nach Diogenes Laertius auf den Philosophen **Bion** zurückzuführen.

Ein Wort des griechischen, ohne Habe aus seinem Vaterlande fliehenden Philosophen **Bias** nahm der „Wandsbecker Bote" in der lateinischen, uns allein geläufigen, von Cicero in den „Paradoxen," 1, 1, 8, mitgetheilten Form:

Omnia mea mecum porto

Alles Meinige trage ich bei mir

zu seinem Motto. Seneca legt einen fast wörtlich, dem Sinne aber ganz gleichen Ausspruch dem Philosophen **Stilpon** an zwei Stellen bei, im 9. Briefe und in seiner Abhandlung „über die Standhaftigkeit des Weisen," K. 5 u. 6. So auch Plutarch „über Seelenruhe," K. 17. — Phaedrus führt in B. 4, 21 den Ausdruck auf den Dichter **Simonides** zurück.

Auch das von Herodot, 1, 32, angeführte, oft citirte griechische Wort, das **Solon** an den Krösus richtete, citiren wir stets in der lateinischen Form:

Nemo ante mortem beatus.

Niemand ist vor seinem Tode glücklich.

(Siehe Ovid, Met. 3, 136.)

Die Inschrift, welche nach **Eusebius**, „Leben Konstantin's," 1, 28, diesem Kaiser, als er wider Maxentius zog, zur hellen Mittagsstunde neben dem Bilde des Kreuzes am Himmel erschien, citiren wir nicht, wie sie Eusebius hat, griechisch:

τούτῳ νίκα,

sondern lateinisch:

(In) hoc signo vinces.

In diesem Zeichen wirst du siegen.

Endlich unterliegt es wohl keinem Zweifel, daß

vox populi, vox Dei,

Volkes Stimme, Gottes Stimme,

auf **Homer**'s „Odyssee," 3, V. 214 u. 215, beruht, wo im Hinblick auf den Uebermut der Freier der Penelope Nestor dem Telemach zuruft:

Sag', ob willig Du Dich demütigest, oder das Volk Dich
Etwa haßt in dem Lande, befolgend die Stimme des Gottes?

VI.

Lateinische Citate.

Der Umfang dieser Sammlung lateinischer Worte ist durch den Zweck dieses Buches bestimmt, welches sich zur Aufgabe setzt, von denjenigen Worten, welche sich auf Schriftsteller zurückführen lassen, diejenigen zusammenzustellen, welche nicht blos dem Gelehrten bekannt, sondern auch dem klassisch gebildeten Deutschen geläufig sind. Also nicht Sprichwörter werden hier verzeichnet, sondern Citate. Nicht die Schönheit oder die Bedeutsamkeit der Stellen aus Autoren ist maßgebend, sondern ihre häufige Anwendung im Munde der Lebenden.

Der älteste der lateinischen Schriftsteller, aus welchem überhaupt citirt wird, möchte der Lustspieldichter **Plautus** sein mit

Nomen et omen,

Name und zugleich Vorbedeutung,

aus dem „Persa," Akt 4, Sc. 4, V. 74, und mit dem in demselben Stück, Akt 4, Sc. 7, V. 19, figurirenden, von Terenz im „Phormio," Akt 3, Sc. 3, V. 8, citirten

Sapienti sat,

Für den Verständigen genug!

was Benjamin Franklin in seinem „Weg zum Reichtum" so übersetzt:

A word to the wise is enough.

Da das im „Pseudolus" des Plautus 5, 2, 35 befindliche

Vae victis!

Wehe den Besiegten!

von Livius, 5, 48, von Florus, 1, 13, und von Festus (S. 372 der Ausgabe von O. Müller) auf Brennus zurückgeführt wird, so citirt wahrscheinlich Plautus damit ein schon vor ihm volksmäßiges Wort, welches Varro zum Titel einer seiner Satiren wählte. Der würtembergische Minister von Varnbüler wendete dies Wort 1866 auf Preußen an. Wir bemerken gleich hier, daß auf der erwähnten Stelle des **Livius** die Wendung beruht:

Sein Schwert in die Wageschale werfen.

Hiernach haben wir des Tragikers **Pacuvius** zu erwähnen, dessen von Cicero in den „Tusculanae," 5, 37, mitgetheiltes:

Patria est, ubicunque est bene,

Das Vaterland ist allenthalben, wo es gut ist,

die Basis des bei uns auch als Liederrefrain bekannten Wortes ist:

Ubi bene, ibi patria.

Wo (es mir) gut (geht), da (ist mein) Vaterland.

Wie wir soeben Stellen aus Plautus bereits im Altertum citirt sahen, so war auch:

Oderint, dum metuant,

Mögen sie hassen, wenn sie nur fürchten,

aus der Tragödie „Atreus" des **Accius** auch im Altertum schon ein geflügeltes Wort. Cicero citirte es häufig; in der 1. „Philippica," 14, 34, in der „Rede für Sextius," K. 48, in der Schrift „über die Pflichten," 1, 28. Dann citirte es Seneca „über den Zorn," 1, 20, 4, und „über die Gnade," 1, 12, 4 und 2, 2, 2. — Wir erfahren ferner aus Sueton („Caligula," 30), daß es ein Lieblingswort des Kaisers Caligula war, und („Tiberius," 59) daß Tiberius es in der Umgestaltung:

Oderint, dum probent,

Mögen sie hassen, wenn sie nur gutheißen,

bequemer fand. — Auch das Wort:

Non omnia possumus omnes,
Wir können nicht Alle Alles,

dessen Urheber nach des Macrobius „Saturnalien,“ 6, 1, 35, der alte Satiriker **Lucilius** ist, wurde, wie wir auch daselbst erfahren, vom Dichter Furias Antias noch vor Virgil angewandt, der den 63. Vers seiner 8. „Ecloge“ damit schmückte.

Derjenige Bühnendichter jedoch, aus dem am meisten citirt wird, ist **Terenz**, der Lustspielschreiber. Gleich in der 1. Scene des 1. Aktes der „Andria“ stoßen wir auf ein bekanntes Wort. Simo erzählt daselbst, wie er sich anfänglich gefreut habe, seinen Sohn Pamphilus bei dem Begräbniß einer jungen Nachbarin Thränen vergießen zu sehen. Unterdessen sei ihm aber unter den Leidtragenden ein hübsches Mädchen aufgefallen, sowohl wegen ihres schmucken Wesens, als auch weil sie mehr als die Anderen zu trauern schien. Er habe sich nach ihr bei den Dienerinnen erkundigt und vernommen, daß sie die Schwester der Verstorbenen sei. „Das,“ fährt er fort, „fiel mir sogleich auf. Haha! Das ist's!

Hinc illae lacrimae!
Daher jene Thränen!“

Das Wort hat schon im Altertum das Glück gehabt, von Cicero in der Rede „pro Caelio,“ K. 25, und von Horaz, „Epistel“ 1, 19, 41, citirt zu werden. Aus derselben Komödie, Akt 1, Sc. 2, ist die Antwort des Sklaven Davus:

Davus sum, non Oedipus,
Davus bin ich, nicht Oedipus,

d. h. „ich verstehe Dich nicht; denn ich kann nicht so geschickt Räthsel lösen wie Oedipus.“ — Aus Akt 1, Sc. 3 der „Andria:“

Inceptio est amentium, haud amantium,
Ein Beginnen von Thoren ist's, nicht von Liebenden,

ist in den Gebrauch übergegangen das verkürzte:

Amantes, amentes.
Verliebt, verdreht.

Aus Akt 3, Sc. 3 sind die Worte:

Amantium irae, amoris redintegratio.

Der Liebenden Gezänk ist Erneuerung der Liebe.

Aus dem „Eunuch" unsers Dichters, Akt 4, Sc. 5, stammt:

Sine Cerere et Baccho friget Venus.

Ohne Ceres und Bacchus bleibt Venus kalt.

welches Cicero bereits: „De natura deorum," 2, 23, 60, citirt.

Der Titel seines Lustspiels:

Heautontimoroumenos

ist eine allgemeine Bezeichnung für Selbstpeiniger geworden; Goethe hat davon in den zahmen „Xenien," B. 6, sogar Heautontimoroumenie gebildet. Dem Menedemus, der die Rolle des Selbstpeinigers spielt, erwidert sein Nachbar Chremes in Akt 1, Sc. 1 auf die Frage, ob er, Chremes, so viel Zeit übrig habe, sich um fremder Leute Angelegenheiten zu kümmern:

Homo sum; humani nihil a me alienum puto,

Ich bin ein Mensch, und so glaube ich, daß nichts, was den Menschen betrifft, für mich eine fremde Angelegenheit sei,

was bereits Cicero in seiner Schrift „über die Pflichten," 1, 9, und später Seneca im 95. Briefe anführt.

Aus den „Adelphi," Akt 4, Sc. 1, sind die Worte des Sklaven Syrus:

lupus in fabula,

wie der Wolf in der Fabel (erscheint er, wenn man von ihm spricht),

zu merken, die er an Ctesipho richtet, als er des Letzteren Vater aus der Ferne herankommen sieht; und auch das bekannte:

Duo quum faciunt idem, non est idem,

Wenn zwei dasselbe thun, so ist es nicht dasselbe,

möchte nur eine Verkürzung der Stelle in den „Adelphi," Akt 5, Sc. 3, sein:

Duo quum idem faciunt,
Hoc licet impune facere huic, illi non licet,

Wenn zwei dasselbe thun, so darf der Eine es ungestraft thun, der Andere nicht.

Aus dem „Phormio" endlich stammen Akt 1, Sc. 2:

Montes auri pollicens;

Berge Goldes (goldene Berge) versprechend;

aus Akt 2, Sc. 2:

Tute hoc intristi; tibi omne est exedendum,

Du hast es eingerührt; Du mußt es auch ganz aufessen,

und aus Akt 2, Sc. 4:

Quot homines, tot sententiae.

So viel Leute, so viel Ansichten.

Das ähnliche:

quot capita, tot sensus,

ist wohl dem Horazischen:

quot capitum vivunt, totidem studiorum milia,

in den „Satiren" 2, 1, 27 nachgebildet.

Aus dem Lehrgedicht des **Lucretius** „Ueber die Natur" sind der 102. Vers des 1. Buchs:

Tantum religio potuit suadere malorum,

So viel Unheil hat die Religion anzurathen vermocht,

und die beiden ersten Verse des 2. Buches berühmt geworden:

Suave, mari magno, turbantibus aequora ventis,
E terra magnum alterius spectare laborem.

Angenehm ist's, bei bewegter See, wenn die Winde das Meer aufwühlen,
Vom Lande eines Andern große Gefahr mitanzusehen.

Cicero giebt uns im Anfange der ersten catilinarischen Rede:

Quousque tandem ... [29])

Wie lange noch ...

so wie das auch in Cicero's Rede „pro rege Deiotaro," 11, 31, vorkommende und als Refrain des Geibel'schen „Krokodil-Liedes" bekannte:

O tempora, o mores! [30])

O Zeiten, o Sitten!

Aus seiner Schrift „de finibus," 5, 25, 74 stammt:

Consuetudo (quasi) *altera natura.*

Die Gewohnheit ist (gleichsam) eine zweite Natur.

Aus seiner ersten „Philippica" und zugleich aus „de finibus," 4, 9, 22, stammt die für eine den Staat bedrohende Gefahr gebräuchlich gewordene Wendung:

Hannibal ad (nicht ante) *portas.*

Hannibal (ist) vor den Thoren.

Diese Redensart, die Erinnerung an Catilina und ferner an das Wort:

Dum Roma deliberat, Saguntum perit,

Während Rom berathschlagt, geht Sagunt zu Grunde,

wurden von Goupil de Préfeln in einer Sitzung der konstituirenden Versammlung von 1789 zu dem unrichtigen Citate vermischt:

Catilina est aux portes, et l'on délibère,

das auf Mirabeau stichelte, welcher diesem Worte dadurch erst recht Bahn verschaffte, daß er es in seiner berühmten Rede zur Abwendung des Bankerotts wiederholte und variirte.

In „Philippica," 2, 14, ebenso wie in der Rede pro Milone 12, 32 wird das uns ganz geläufige:

cui bono?

Wozu?

und wie die Franzosen übersetzen:

A quoi bon?

eigentlich: „Wem zum Nutzen?" ganz ausdrücklich von Cicero als ein Wort des **Cassius** bezeichnet und Asconius sagt in seinem Kommentar zu der letzten Stelle, daß L. Cassius, ein Mann von äußerster Strenge, bei Untersuchungen über Mord den Richtern einschärfte, nachzuforschen, cui bono, wem zum Nutzen es gewesen sei, daß Derjenige stürbe, über dessen Ermordung die Untersuchung geführt werde.

Aus dem in der 12. „Philippica," Kap. 2, enthaltenen:

Cujusvis hominis est errare: nullius nisi insipientis, in errore perseverare,

Ein jeder Mensch kann irren; im Irrtum verharren kann nur der Unsinnige,

ist das bündige:

Errare humanum est

Irren ist menschlich

entwickelt, welches in dieser Form in dem 1747 in Paris erschienenen „Antilucretius" des Kardinals von Polignac, Buch 5, V. 50, und in englischem Gewande in Pope's „Essay on Criticism," V. 525, vorkommt.

Aus **Cicero**'s „Rede für Milo," 4, 10 ist bekannt:

Silent leges inter arma.

Im Waffenlärm schweigen die Gesetze.

Aus einer von ihm in seinen „Tusculanae," 5, 21, höchst anziehend erzählten Geschichte, die auch unser Gellert in seinen „Fabeln" (B. 1) unter dem Titel „Damokles" bearbeitet hat, entnehmen wir zur Bezeichnung einer unablässig drohenden Gefahr den Ausdruck:

Damoklesschwert.

Gellert ist auch Schuld daran, daß wir den Namen gewöhnlich Damókles statt Dámokles aussprechen.

Aus seiner Schrift „über die Pflichten," 1, 5, ist das als Devise des schwarzen Adlerordens bekannte:

Suum cuique

Jedem das Seine

entnommen; das 1, 10 derselben Schrift von Cicero als ein „abgedroschenes Sprichwort“ citirte:

Summum ius, summa iniura
Das höchste Recht ist auch das höchste Unrecht

scheint eine spätere Fassung des im „Heautontimoroumenos“ des Terenz, Akt 4, Sc. 5, vorkommenden Sprichworts zu sein:

Dicunt, ius summum saepe summa est malitia.
Man pflegt zu sagen: Das höchste Recht ist auch die höchste Bosheit.

Aus 1, 16 derselben Schrift, wo es sich um allgemeine Gefälligkeiten gegen Jedermann handelt, wie z. B. daß wir es Jedem gestatten müssen, sich an unserem Feuer das seinige anzuzünden, citiren rauchende Gelehrte, um Feuer bittend, wohl:

Ab igne ignem.
Vom Feuer Feuer.

1, 22 enthält die von Cicero selbst fabrizirten Verse:

Cedant arma togae, concedat laureat linguae,
Es mögen die Waffen der Toga nachstehen, der Lorbeer der Rede,

worüber Cicero in der Rede „in Pisonem“ 29 und 30 sich eines Weiteren ausläßt, während er den ersten Satz allein in der 2. Philippica, 8, citirt.

Aus 1, 31 kennen wir das schon hier von Cicero als Sprichwort citirte und durch Horaz in der „Kunst zu dichten,“ V. 385, noch bekannter gewordene:

Invita Minerva;
Wider den Willen der Minerva;

aus „de finibus,“ 2, 32, 105:

Jucundi acti labores;
Angenehm (sind) die gethanen Arbeiten;

endlich ist aus dem Anfange seiner Schrift „de oratore:“

Otium cum dignitate

Muße mit Würde

entwickelt.

Auch **Cäsar**, dem wir im letzten Theil dieses Buches als Urheber historischer Worte begegnen werden, findet schon hier als literarischer Mann eine Stelle mit dem bekannten:

vis comica.

Kraft der Komik.

Sueton theilt uns nämlich in seinem „Leben des Terenz“ einige Hexameter Cäsar's mit, die eine Kritik des römischen Lustspieldichters enthalten, an welchem Cäsar eben jene vis comica schmerzlich vermißt.

Ein Citat aus **Sallust** („Jugurtha,“ 10) ist das bekannte:

Concordia parvae res crescunt, discordia maximae dilabuntur.

Durch Eintracht wächst das Kleine, durch Zwietracht zerfällt das Größte.

Das deutsche Sprichwort:

Jeder ist seines Glückes Schmied

ist nach der dem Sallust zugeschobenen Schrift „de republica ordinanda,“ 1, 1, wo es heißt:

(Appius ait,) fabrum esse suae quemque fortunae,

auf **Appius Claudius**, jenen berühmten Senator zur Zeit des Pyrrhus zurückzuführen, und findet sich dem Inhalt nach in dem von **Cornelius Nepos** („Atticus,“ 11, 6) mitgetheilten iambischen Vers eines unbekannten Dichters wieder:

Sui cuique mores fingunt fortunam (hominibus).

Dem Menschen bildet, jedem, sein Charakter das Geschick.

Horaz gehört zu den wenigen klassischen Schriftstellern, die häufig auch dem Nicht-Sprachgelehrten noch jenseits der

Schule eine Lieblingslektüre sind; daher sind Vielen viele seiner Aussprüche bekannt, und er wird in Schriften aller Art citirt. Mögen diese Freunde des Horaz sich nicht verwundern, wenn sie in einer Schrift, die nur Allbekanntes bringen darf, mancher ihrer Lieblingssentenzen nicht begegnen. Aus seinen „Oden" ist zwar Vieles geläufig, wie:

B. I, 9, 13:

Quid sit futurum cras, fuge quaerere;

Was morgen sein wird, frage nicht;

11, 8: *Carpe diem;*

Benutze den Tag;

B. II, 3, 1:

Aequam memento rebus in arduis
Servare mentem;

Vergiß nicht, im Unglück standhaften Sinn zu bewahren:

6, 13: *Ille terrarum mihi praeter omnes*
Angulus ridet;

Jenes Plätzchen auf der Erde lächelt mir vor allen andern zu.

16, 27: *Nihil est ab omni*
Parte beatum;

Es giebt kein vollkommenes Glück;

B. III, 1, 1:

Odi profanum vulgus et arceo;

Ich hasse und halte zurück die uneingeweihte Menge;

2, 13: *Dulce et decorum est pro patria mori;*

Süß und ehrenvoll ist's, für's Vaterland zu sterben;

3, 7: *Si fractus illabatur orbis,*
Impavidum ferient ruinae;

Wenn der Himmel einbricht und stürzt, auf einen Unerschrockenen werden die Trümmer niederfallen;

16, 17: *Crescentem sequitur cura pecuniam;*

Dem wachsenden Geld folgt die Sorge;

mea
Virtute me involvo;
Ich hülle mich in meine Tugend ein;

30, 1: *Exegi monumentum aere perennius;*
Ein Denkmal habe ich mir gesetzt, dauernder als Erz;

B. IV, 12, 28:

Dulce est desipere in loco;
Lieblich ist's, zu seiner Zeit den Thoren spielen;

aber als Gemeingut kann höchstens sein im B. II, 10, 5 befindliches

Aurea mediocritas,
Goldene Mitte, *)

und muß gewiß sein

Integer vitae scelerisque purus,
Der im Wandel Reine und von Schuld Freie

angesehen werden, der Anfangsvers der 22. „Ode" des ersten Buches, welche aber nicht durch Horaz selbst, sondern durch die Komposition des in Berlin 1812 als praktischer Arzt gestorbenen F. F. Flemming allgemeinen Eingang gefunden hat. Ebenso auch das B. 3, 1, 2 vorkommende:

Favete linguis.
Hütet der Zungen!

Aus B. IV, 9, 45 hat sich entwickelt:

Beati possidentes!
Glücklich sind die Besitzenden!

Aus den „Epoden" ist sehr bekannt der erste Vers der zweiten:

Beatus ille qui procul negotiis [31])
Glücklich der, welcher fern den Geschäften

---

*) Medio tutissimus ibis.
In der Mitte wirst du am sichersten gehen.
(Ovid, „Metam." 2, 137.)

(wie das alte Geschlecht der Menschen vom Vater ererbten Boden mit eigenen Rindern pflügt).

Die „Satiren" liefern folgende Stellen:

Satire I, 1, 24:

(Quamquam) *ridentem dicere verum*
(Quid vetat?)

(Doch) lächelnd die Wahrheit sagen, (was hindert daran?)

welche Stelle viel häufiger in der umgeänderten Gestalt:

Ridendo dicere verum

angezogen wird; und ebenda V. 69 u. 70:

Mutato nomine de te
Fabula narratur;

Die Geschichte handelt von dir, nur der Name ist geändert;

ebenda, V. 106:

Est modus in rebus, sunt certi denique fines.

Es ist Maß und Ziel in den Dingen, es giebt, mit einem Worte, bestimmte Gränzen. [32])

Satire I, 4, 85:

Hic niger est, hunc tu, Romane, caveto.

Dieser ist ein Bösewicht, vor ihm, o Römer, hüte Dich.

Es ist der oft für sich citirte Nachsatz folgenden Vordersatzes: „Wer den abwesenden Freund durchhechelt, ihn nicht vertheidigt, wenn ein Anderer ihn beschuldigt, wer um das schallende Lachen der Leute und um den Ruf eines Wortfertigen buhlt, wer Nicht-Gesehenes erdichten, Anvertrautes nicht verschweigen kann, dieser ist ein Bösewicht" u. s. w.

Satire I, 5, 100:

Credat Judaeus Apella.

Das glaube der Jude Apella.

9, 59: *Nil sine magno*
Vita labore dedit mortalibus.

Nichts gab das Leben den Sterblichen ohne große Arbeit.

9, 78: *Sic me servavit Apollo.*

So rettete mich Apollo.

10, 72: *Saepe stylum vertas,*

Oft wende den Griffel,

d. h. feile den Ausdruck (indem Du mit dem oberen, breiten Theil des Griffels verwischest, was Du mit dem unteren, spitzen in die Wachstafel gegraben hast).

Satire II, 3, 243:

Par nobile fratrum.

Ein edles Bruderpaar.

Die „Episteln" bieten, B. I, 1, 14:

Iurare in verba magistri,

Auf des Meisters Worte schwören,

von Goethe in der Schülerscene des „Faust:"

Am besten ist's auch hier, wenn Ihr nur Einen hört,
Und auf des Meisters Worte schwört,

angewendet.

B. I, 2, 14:

Quidquid delirant reges, plectuntur Achivi;

Wie auch immer die Könige (Agamemnon und Achilles) rasen, die Griechen müssen es büßen;

2, 16: *Iliacos intra muros peccatur et extra;*

Innerhalb der Mauern Troja's und draußen wird gefrevelt;

2, 40: *Dimidium facti, qui coepit, habet;*

Anfangen ist die Hälfte des Ganzen;

ebenda: *Sapere aude;*

Wage es, weise zu sein;

2, 62: *Ira furor brevis est.*

Der Zorn ist eine kurze Raserei.

B. I, 6, 67 enthält die als Vorredenschluß überaus abgenutzten Worte:

Si quid novisti rectius istis,
Candidus imperti; si non, his utere mecum.
Wenn Du etwas Richtigeres weißt, als das hier Mitgetheilte, so gieb mir unumwunden davon Kenntniß; wenn nicht, so benutze dies mit mir.

10, 24: *Naturam expellas furca; tamen usque recurret;*
Das Natürliche magst Du mit Gewalt verdrängen, doch wird es stets zurückkehren;

11, 27: *Coelum, non animum mutant, qui trans mare currunt;*
Das Klima, nicht den Charakter wechseln Die, welche über See gehen;

17, 36: *Non cuivis homini contingit adire Corinthum,*
Nicht jedem Menschen wird zu Theil, nach Korinth zu gehen,

(weil nämlich die Sache zu kostspielig ist,) die Horazische Uebersetzung eines griechischen Sprichwortes, dessen Entstehung man bei Gellius, 1, 8, nachlesen kann.

18, 84: *Tunc tua res agitur, paries cum proximus ardet;*
Dann handelt es sich um deine Habe, wenn das Haus des Nachbarn brennt;

19, 19: *O imitatores, servum pecus;*
O Nachahmer, sklavisches Gezücht;

B. II, 2, 102:

Genus irritabile vatum.
Das reizbare Geschlecht der Dichter.

Aus den „Episteln" merke man noch den Anfang der 6ten des ersten Buches:

Nil admirari.
Nichts anstaunen.

In der „Kunst zu dichten" des Horaz finden wir:

Vers 4: *Desinit in piscem mulier formosa superne;*
Am Oberkörper ein schönes Weib, endigt sie in einen Fischschwanz;

Vers 5: *Risum teneatis, amici?*
Würdet Ihr Euch des Lachens erwehren, Freunde?

Vers 11: *Hanc veniam petimusque damusque vicissim.*
Um diese Erlaubniß bitten wir und wir geben sie unsererseits.

Als Citat wird es ganz allgemein von gegenseitigen Diensten gebraucht; Horaz bezieht es an gedachter Stelle speziell auf die dichterischen Freiheiten, die er, selbst ein Dichter, in verständigem Maße anderen Poeten gestatten und sich selbst erlaubt wissen will. Eine eigentümliche Verwendung hat dieser Vers neuerdings gefunden. Er befindet sich nämlich in

Damus petimusque vicissim
Wir geben und fordern dagegen

umgeändert und gekürzt, als Umschrift auf den Briefmarken des Brittischen Guiana.

Vers 39: — — *Versate diu, quid ferre recusent,*
Quid valeant humeri;
Ueberleget lange, was die Schultern zu tragen verweigern und vermögen;

Vers 78: *Adhuc sub iudice lis est,*
Noch hängt der Streit vor dem Richter,

d. h. noch ist es nicht entschieden. Das verallgemeinerte Citat bezieht sich an seinem Fundort speziell auf die Unsicherheit darüber, wer der Erfinder der Elegie ist.

Ab ovo,
Vom Ei aus,

d. h. „vom ersten und entlegensten Anfange an," ist der Ausgang des 147. Verses. Horaz rühmt daselbst den Homer, weil er den Trojanischen Krieg nicht vom Ei der Leda, der Mutter der Helena, an beginne, sondern den Zuhörer sofort

in medias res,
mitten in die Dinge,

wie es in Vers 148 heißt, stelle.

Bei der Schilderung des hohen Alters nennt er, Vers 173, den Greis:

Laudator temporis acti
Lobredner der Vergangenheit

Aus Vers 343:

(Omne tulit punctum qui miscuit) *utile dulci*

haben wir die gebräuchliche Redensart entlehnt:

Das Angenehme mit dem Nützlichen verbinden.

Von den Schriften, zu deren Lektüre man immer von Neuem gern zurückkehrt, citirt man den Ausgang des 365. Verses:

Decies repetita placebit.
Zehnmal wiederholt, wird sie gefallen.

Solche Schriften werden gewöhnlich zu jenen gehören, deren Verfasser das berühmte:

Nonumque prematur in annum,
Und bis in's neunte Jahr muß sie bei Seite gelegt werden,

den Ausgang des 388. Verses, beherzigt haben.

Sollte endlich nicht vielleicht die sprichwörtliche Redensart:

Usus tyrannus, *)
Der Gebrauch ein Tyrann,

ein geistreiches Résumé der in den Versen 71 und 72 enthaltenen Worte des Horaz:

— — usus
Quem penes arbitrium est et ius et norma loquendi
Der Gebrauch, bei dem die Entscheidung und das Recht und die Norm der Sprache liegt

sein?

---

*) Rerum omnium magister usus. Caesar, bell. civ. 2. 8. Usus, magister egregius. Plinius, „Briefe," 1, 20.

Endlich merken wir noch Vers 359 an:

Quandoque bonus dormitat Homerus.

Ja zuweilen fehlt selbst der wackre Homer.

Virgil, der Freund des Horaz, hat uns in seinen „Eclogen“ manchen bekannten Vers hinterlassen. Der 6. Vers der 1sten:

Deus nobis haec otia fecit,

Ein Gott hat uns diese Muße geschaffen,

wie Tityrus, unter schattiger Buche mit seiner Hirtenflöte gelagert, den mit der Herde traurig in die Ferne ziehenden Meliböus anredet, ist schon manches Mal zu Inschriften an Häusern verwendet worden.

Im 104. Verse der 3. „Ecloge“ fordert Damoetas den Menalcas im Wettgesang, der im 60sten mit:

Ab Iove principium!

Von Jupiter sei der Anfang!

beginnt, auf, ihm zu sagen, in welcher Gegend der Himmel nur drei Klafter breit sei, „und,“ fügt er hinzu, „wenn Du darauf antworten kannst,

eris mihi magnus Apollo.

dann wirst Du für mich wie der große Apoll sein.“

Danach pflegt man Fragen, deren Beantwortung man nicht erwartet, mit diesem Spruch zu begleiten.

Ein Wort wie das in Vers 93:

Latet anguis in herba,

Eine Schlange lauert im Grase,

geht durch schlagende Kürze und Anwendbarkeit leicht aus seiner speziellen Stellung zur Selbstständigkeit eines geflügelten Wortes über.

Der „Georgica“ erstes Buch bietet im 30. Verse die Bezeichnung eines weit entlegenen Landes:

Ultima Thule;

Das äußerste Thule;

das dritte Buch den 284. Vers:

Sed fugit interea, fugit irreparabile tempus;
Aber unterdessen flieht, flieht die unersetzliche Zeit;

das vierte Buch den 176. Vers, in dem Virgil die Arbeit der Bienen mit der der blitzeschmiedenden Cyklopen vergleicht (s. auch „Ecloge“ 1, 24):

Si parva licet componere magnis.
Wenn es gewährt ist, Kleines mit Großem zu vergleichen.

Es giebt auch Citatenfeinschmecker, denen die gewöhnliche Kost nicht genügt; sie führen statt des letzteren Verses lieber aus **Ovid**'s „Verwandlungen,“ B. 5, 416 u. 417 an:

— si componere magnis
Parva mihi fas est.

oder aus seinen „Tristia,“ 1, 5, 28:

Grandia si parvis assimilare licet. —

Tantaene animis coelestibus irae!
So viel Zorn in der Seele der Götter!

was Shakespeare in „Heinrich VI.,“ Thl. II, Akt 2, Sc. 1, den Herzog von Gloster dem Kardinal Beaufort zurufen läßt, ruft **Virgil** in der „Aeneide,“ B. 1, 11, aus, als er sich anschickt, die Leiden zu besingen, die dem Aeneas aus dem Groll der Juno erwachsen, der das Urtheil des Paris, welcher ihr eine andere vorgezogen hatte, nach B. 1, 26:

— alta mente repostum
— tief in die Seele gelegt

war. Deswegen bewegte sie den Gott der Winde, die Flotte des Aeneas mit einem solchen Sturme heimzusuchen, daß das Meer in seinen Tiefen bewegt wurde, und Neptun heraustauchte, um die Winde mit seinem berühmten:

Quos ego!
Euch werd' ich!

B. 1, 135, zur Ruhe zu bringen.

Das Wort des Aeneas, 2, 3:

Infandum, regina, iubes renovare dolorem,

ist in der Schiller'schen Uebersetzung:

O Königin, Du weckst der alten Wunde
Unnennbar schmerzliches Gefühl, ·

ein geläufiges Citat geworden.

B. 2, V. 6:

Et quorum pars magna fui
Und worin ich eine große Rolle spielte

ist ebenfalls bekannt. Berühmt ist der Warnungsruf des Laokoon, B. 2, 49, als er das Riesenpferd vor den Mauern Troja's erblickt:

Quidquid id est, timeo Danaos, et dona ferentes.
Was es auch ist, ich fürchte die Griechen, zumal wenn sie Gaben bringen.

Unserer Sprache hat der genannte Vers Virgil's für eine verdächtige Gabe, die Vortheil verspricht und mit Nachtheil droht, den Ausdruck:

Danaergeschenk

zugeführt.

Viel wird auch aus B. 2, V. 204 citirt:

Per varios casus, per tot discrimina rerum.
Durch mannigfache Geschicke, durch so viele Gefahren;

und aus B. 2, 311:

Iam proximus ardet
Ucalegon.
Schon brennt des Nachbars Ucalegon Haus.

Oft citirt werden auch die Worte des Priesters Panthus, als Troja in Flammen steht, B. 2, 325:

Fuimus Troes.
Trojaner sind wir gewesen.

Als Aeneas bei seiner Flucht aus Troja seine Gattin

Crëusa verliert, umkehrt, sie vergebens sucht und laut ihren Namen ruft, erscheint ihm ihr Schatten. Als er dies der Dido erzählt hat, setzt er hinzu, B. 2, 774:

Obstupui, steteruntque comae, et vox faucibus haesit.

Ich stand wie betäubt, die Haare richteten sich mir empor, die Stimme stockte im Halse.

Dasselbe sagt er B. 3, 48, nachdem er erzählt hat, wie die Stimme des ermordeten Polydorus aus der Erde emporschreit. Diesen, einen Sohn des Priamus, hatte der thracische König, zu dem er mit einer großen Summe Goldes gesendet war, eben dieses Goldes wegen tödten lassen. B. 3, 57:

Auri sacra fames!

O, unheiliger Hunger nach Gold! *)

Der 175. Vers des vierten Buches enthält die der herrlichen Schilderung der Fama entnommenen Worte:

Viresque acquirit eundo.

Und Kräfte bekommen sie durch's Gehen.

Er fährt fort: „Klein ist sie bei der ersten Bewegung, dann erhebt sie sich in die Lüfte empor und schreitet fest auf dem Boden, während sie das Haupt in den Wolken verbirgt."

Zu besserer Verständlichkeit wird der Ausdruck gewöhnlich umgeändert in:

Fama crescit eundo.

Das Gerücht wächst, indem es sich verbreitet.

Desselben Buches 625. Vers enthält die Worte Dido's, welche der große Kurfürst bei der Unterzeichnung des Friedens von St. Germain-en-Laye am 29. Juli 1679, vom Kaiser preisgegeben citirte:

Exoriare aliquis nostris ex ossibus ultor.

Ein Rächer mag aus meinem Staub erstehen.

---

*) Amor sceleratus habendi.
Die verbrecherische Gier zu haben.
(Ovid, „Metam." 1, 131.)

Im fünften Buch, V. 320, heißt es bei Gelegenheit des dort geschilderten Wettlaufspiels, daß Nisus der Erste war und ihm Salius

longo sed proximus intervallo
nach langem Zwischenraum, doch als der Nächste

folgte. Plinius der Jüngere wendet das Wort in den „Briefen“ (7, 20) auf seinen eigenen literarischen Werth im Vergleich zu dem des Tacitus an.

Der 95. Vers des sechsten Buches enthält die Worte, welche die Cumäische Sibylla an Aeneas richtet:

Tu ne cede malis, sed contra audentior ito.
Weiche dem Unglück nicht, sondern gehe ihm noch mutiger entgegen.

Der Begleiter des Aeneas, der

fidus Achates,
treue Achates,

der im sechsten Buche, V. 158 und auch sonst, erwähnt wird, ist eine allgemeine Bezeichnung eines treuen Freundes geworden.

Als Aeneas den Weg zur Unterwelt beschreiten will, wird ihm von der Sibylle zugerufen, B. 6, 126:

Facilis descensus Averno,
Leicht ist das Hinabsteigen zur Unterwelt,

und Buch 6, 261:

Nunc animis opus, Aenea, nunc pectore firmo.
Jetzt bedarf es des Muts, Aeneas, jetzt der festen Brust.

Zu denjenigen Worten, die in Versammlungen der Volksvertreter häufig vernommen werden, gehören die des Phlegyas, B. 6, 620:

Distice iustitiam moniti, et non temnere divos.
Lernet, gewarnt, rechtthun und nicht mißachten die Götter.

Aus 6, 727 ist bekannt:

Mens agitat molem.
Der Geist bewegt die Materie.

Den Worten des Anchises, die er in der Unterwelt zum Aeneas spricht: „Du, Römer, gedenke die Völker zu regieren. Dies sollen Deine Künste sein: die Gesittung des Friedens auferlegen,“ schließen sich folgende an:

Parcere subiectis, et debellare superbos,
Die Unterworfenen schonen und die Hochmütigen besiegen,

B. 6, 854, die am 3. August 1815, dem Geburtstage Friedrich Wilhelm's III., ein Transparent am illuminirten Hotel dieses Monarchen in Paris bildeten.

Den vielcitirten 312. Vers des 7. Buches:

Flectere si nequeo superos, Acheronta movebo.
Wenn ich die Götter im Himmel nicht erweichen kann, so werde ich die Hölle in Bewegung setzen,

citirte auch der Ministerpräsident von Bismarck am 21. Januar 1864 im Abgeordnetenhause.

Die Tonmalerei des 596. Verses im 8. Buche:

Quadrupedante putrem sonitu quatit ungula campum,
Mit vierfüßigem Schall erschüttert den lockeren Boden der Huf,

scheint dem Dichter selbst gefallen zu haben, denn mit leichter Variante, indem er cursu statt sonitu, „Lauf“ statt „Schall,“ setzt, wiederholt er den Vers als 875sten des 11. Buches.

Aus B. 9, 641, werden die von Apollo an Julus nach glorreicher Waffenthat des Letzteren gerichteten Worte:

Sic itur ad astra!
So steigt man auf zu den Sternen! [33])

oft als Devise verwendet.

Ein Alltagswort ist aus Vers 283 des 11. Buches:

Experto credite,
Glaubt es dem, der es selbst erfahren hat,

das Irgendwer reimend erweitert hat zu:

Experto crede Ruperto.

Ein anderes Wort Virgil's:

Sic vos non vobis,
Also Ihr, nicht Euch,

womit man den fleißigen Schriftsteller anredet, den der literarische Freibeuter um den Lohn seiner Mühen bringt, oder das noch allgemeiner von Jeglichem gesagt wird, der sich zum Nutzen anderer Leute plagt und quält, ist uns vom jüngeren Donatus in seinem „Leben des Virgil," 17, überliefert worden. Dieser erzählt, daß unser Dichter einst an das Thor des Augustus ein für den Kaiser schmeichelhaftes Distichon anonym angeschrieben habe. Bathyll, ein schlechter Dichter, habe sich für den Verfasser ausgegeben und sei deshalb von Augustus mit Ehren und Gaben bedacht worden. Um die Blöße des unverschämten Poeten aufzudecken, schrieb Virgil darauf die obigen Halbverse viermal untereinander an das Thor. Augustus forderte die Ergänzung dieser Versanfänge. Vergebens versuchten sich Einige daran. Da kam endlich Virgil und nachdem er unter das ersterwähnte Distichon die Worte gesetzt hatte: „Diese Verslein machte ich; die Ehren trug ein Anderer davon," ergänzte er die Anfänge so:

Sic vos non vobis nidificatis aves.
Sic vos non vobis vellera fertis oves.
Sic vos non vobis mellificatis apes.
Sic vos non vobis fertis aratra boves.

d. i.

So baut ihr Nester, o Vögel, nicht für euch.
So tragt ihr Wolle, o Schafe, nicht für euch.
So macht ihr Honig, o Bienen, nicht für euch.
So zieht ihr Pflüge, o Rinder, nicht für euch.

Die bekanntesten Verse des **Ovid** sind aus seinen „Verwandlungen," B. 1, 7:

Rudis indigestaque moles;
eine rohe, ungeordnete Masse;

V. 2, 13 u. 14 in der Schilderung der Nymphen:

Facies non omnibus una,
Nec diversa tamen: (qualem decet esse sororum;)
Nicht Alle hatten dasselbe Antlitz und doch war es nicht verschieden (wie es bei Schwestern zu sein pflegt);

V. 3, 136 u. 137:

Dicique beatus
Ante obitum nemo supremaque funera debet;
Und vor dem Tode und der endlichen Bestattung darf Niemand glücklich genannt werden (s. S. 126);

V. 7, 20 u. 21 die Worte der sich in aufkeimender Liebe zu Jason überraschenden Medea:

Video meliora, proboque:
Deteriora sequor;
Ich sehe das Bessere und billige es:
Das Schlechtere thue ich;

der 91. Vers seiner „Mittel gegen die Liebe:“

Principiis obsta, (sero medicina paratur), [34])
Widerstehe dem Anfang, (zu spät kommt die Kur),

wird ebenfalls viel citirt, sogar in der „Nachfolge Christi,“ 1, 13, 5.

Aus seiner „Kunst zu lieben,“ 1, V. 99, ist bekannt:

Spectatum veniunt, veniunt spectentur ut ipsae.
Zum Schauen kommen die Frauen, und kommen, um selbst geschaut zu werden.

Aus den „Elegieen“ sind bekannte Stellen Eleg. 1, 9:

Donec eris felix, multos numerabis amicos:
Tempora si fuerint nubila, solus eris;
So lange Du glücklich sein wirst, wirst Du viele Freunde zählen;
Wenn die Zeiten bewölkt sein werden, wirst Du allein sein;

(womit man Theognis, V. 697 vergleiche); ferner 3, 4 ein

pythagoräischer, von Ovid zu bene qui latuit, bene vixit formulirter Spruch, der gewöhnlich umgestaltet wird in:

Bene vixit, qui bene latuit;
Glücklich lebte, wer in glücklicher Verborgenheit lebte;

Elegie 4, 3:

Est quaedam flere voluptas,
Im Weinen liegt eine Art Lust,

und aus den „Amores," 3, 4:

Nitimur in vetitum semper, cupimusque negata.
Wir streben immer nach dem Verbotenen und begehren das Versagte.

In den „Briefen aus dem Pontus," 3, 4, 79, findet sich der Hexameter:

Ut desint vires, tamen est laudanda voluntas.
Mögen auch die Kräfte fehlen, doch ist der Wille zu loben.

Ebenda, 4, 10, 5, steht der Vers:

Gutta cavat lapidem, consumitur annulus usu,
Tropfen höhlen den Stein, und der Ring zerreibt sich durch Tragen,

und erst eine spätere Zeit hat statt der letzten drei lateinischen Worte:

— — non vi, sed saepe cadendo,
— — durch Kraft nicht, durch stetiges Tröpfeln,

substituirt.

Zum Schluß der Citate aus Ovid führen wir an die

disiecta membra,
zerstreute Glieder,

die dem 724. Verse des 3. Buches der „Metamorphosen," wenn nicht des Horaz „Satiren," 1, 4, 62, entlehnt sind.

Wenn der Liederkomponist August Schäffer eins seiner munteren Lieder mit:

„Delectat variatio,
Das steht schon im Horatio,"

beginnt, so irrt er hinsichtlich des Autors und auch, wie Alle welche

variatio delectat 35)

citiren, in der Form, da aus **Phaedrus'** „Fabeln," B. 2, Prolog, V. 10, sich nur

varietas delectat
Abwechselung ergötzt

herleiten läßt. — Auch

licentia poetica
poetische Licenz

stammt aus Phaedrus, 4, 23, 8, und wird von Seneca in seinen „Untersuchungen über die Natur," B. 2, K. 44, wiederholt.

Persius bietet uns in „Satire" 3, 84:

De nihilo nihil,
Aus Nichts wird Nichts,

was, wie wir aus Diogenes Laertius ersehen, schon vorlängst der Philosoph Diogenes Apolloniates griechisch ausgesprochen hatte, und **Propertius** in 2, 10, 6, den Pentameterausgang:

In magnis et voluisse sat est,
In großen Dingen genügt auch gewollt zu haben,

was an Tibull, „Elegie," 4, 1, 7, erinnert:

Est nobis voluisse satis.
Uns genügt, gewollt zu haben. —

Non scholae, sed vitae discimus
Nicht für die Schule, sondern für das Leben lernen wir

finden wir nicht am Ende des 106. Briefes des **Seneca,** sondern das vorwurfsvolle:

Non vitae, sed scholae discimus.

Leider lernen wir nicht für das Leben, sondern für die Schule.

Welcher Schulmann würde uns aber verzeihen, wenn wir das im 6. Briefe enthaltene:

Longum iter est per praecepta, breve et efficax per exempla

Lang ist der Weg durch Lehren, kurz und wirksam durch Beispiele

hier übergingen? Oder wenn wir verschwiegen, daß

Docendo discitur

Durch Lehren lernen wir

auf der Stelle des 7. Briefes:

Homines dum docent, discunt

beruht? womit wir Phaedrus, Fab. 2, 2, 2:

Exemplis discimus

An Beispielen lernen wir

vergleichen können.

Im 107. Briefe wird uns ein griechisches Dichterwort in der Form mitgetheilt:

Ducunt volentem fata, nolentem trahunt.

Den willig Folgenden führt das Geschick, den unwillig Folgenden schleppt es fort.

Audiatur et altera pars

Auch die andere Partei werde gehört

scheint erst aus Seneca's Tragödie „Medea," Akt 2, Sc. 2, V. 199 und 200:

Qui statuit aliquid parte inaudita altera,
Aequum licet statuerit, haud aequus fuit

Wer etwas beschließt, ohne daß er die andere Partei gehört hat, handelt nicht billig, selbst wenn er Billiges beschlossen hat

hergestellt. Doch wage ich es nur als eine Vermutung hinzustellen, daß das sprichwörtliche

per aspera ad astra
über rauhe Pfade zu den Sternen

eine Kürzung des 437. Verses des rasenden Herkules Seneca's ist:

Non est ad astra mollis e terris via.
Der Weg von der Erde zu den Sternen ist nicht eben.

Der Neffe des Seneca, **Lucanus**, bietet uns in seiner „Pharsalia," 1, 128, den von Racine in den „Plaideurs," 3, 3, citirten Vers:

Victrix causa diis placuit, sed victa Catoni.
Die siegreiche Sache gefiel den Göttern, aber die unterliegende dem Cato.

In des **älteren Plinius** „Historia naturalis," 35, 36, finden wir Alexander's des Großen Hofmaler Apelles als den Urheber von drei Worten aufgeführt, von denen zwei:

Manum de tabula,
Hand von dem Bild,

und:

Ne sutor supra (nicht: ultra) *crepidam,*

was wir ungenau durch:

Schuster, bleib bei deinem Leisten

übersetzen, auch uns Deutschen geläufige Wendungen geworden sind, obgleich es näher liegt manum De tabula aus Cicero, Epist. ad familiares 7, 25 zu erklären. Apelles warf mit dem ersten dem sonst von ihm hochgeschätzten Maler Protogenes seine Geleckheit vor; dieser verstände nicht, wie er, „die Hand vom Bild" zu thun. Er dachte, wie Rembrandt, der einem Kritiker, der seine Bilder nicht geleckt genug fand, antwortete: „Bilder sind nicht zum Beriechen." Das zweite verdanken wir folgendem Vorfall. Apelles pflegte die von ihm vollendeten Gemälde den Vorübergehenden so zur An=

sicht auszustellen, daß er hinter den Gemälden ihre Urtheile über sein Kunstwerk zu hören vermochte. Ein Schuhmacher tadelte nun einmal, daß die Schuhe auf dem Bilde eine Oehse zu wenig hätten. Apelles brachte dieselbe an. Als nun aber derselbe Schuhmacher, stolz, daß auf sein Anraten die Verbesserung vorgenommen sei, auch den Schenkel zu tadeln sich unterfing, rief der unwillige Maler hinter dem Bilde hervor: „Was über dem Schuh ist, muß der Schuster nicht beurtheilen.“ Da derselbe Künstler mit der größten Gewissenhaftigkeit keinen Tag verstreichen ließ, ohne sich wenigstens durch das Zeichnen einer Linie in seiner Kunst zu üben, so ist, wie Plinius meint, von ihm das Sprichwort ausgegangen:

Nulla dies sine linea.
Kein Tag ohne einen Strich.

Ein Wort, welches Plinius selbst häufig im Munde führte:

Nullus est liber tam malus ut non aliqua parte prosit,
Kein Buch ist so schlecht, daß es nicht in irgend einer Beziehung nütze,

wird uns vom **jüngeren Plinius** im Buch 3, Ep. 5 mitgetheilt.

Auch gewährt der Letztere uns in der Ep. 7, 9 mit:

Aiunt, multum legendum esse, non multa

das bedeutende Wort:

Multum, non multa.
Vieles, nicht vielerlei.

Durch die Gedichte Virgil's und des Horaz ist der Name ihres Gönners, des

Maecenas,

eine typische Bezeichnung eines Gönners und Beschützers der Künste, und zwar bereits in früher Zeit geworden. Denn schon im **Martial**, B. 8, „Epigramm“ 56, heißt es:

Sint Maecenates, non deerunt, Flacce, Marones.

O Flaccus, wenn nur Menschen wie Maecenas da sind, dann werden Dichter wie (Publius Virgilius) Maro nicht fehlen.

Das von Goethe in die 3. Abtheilung seiner „Sprüche in Prosa" aufgenommene:

Bonus vir semper tiro

Ein wackrer Mann bleibt immer ein Anfänger

lautet bei **Martial** 12, 51, 2:

Semper bonus homo tiro est,

und bedeutet daselbst in seinem Zusammenhange:

Ein guter Mensch wird oft getäuscht, weil er immer unbefangen wie ein Kind bleibt.

Daß die Redensart:

Habeat sibi,

eigentlich: „er mag es für sich behalten," dann: „er mag es sich selbst zuschreiben," oder: „meinetwegen," uns so ungemein geläufig ist, mag wohl daran liegen, daß sie ganz vorn in **Sueton**'s Werken, „Cäsar," B. 1, K. 1, vorkommt, wo Sulla Denjenigen, die ihn für Cäsar um Gnade bitten, nach langem Widerstreben zuruft, daß sie gesiegt hätten und den Cäsar für sich hinnehmen möchten (sibi haberent). Sueton erzählt uns ferner („Augustus," K. 87), daß der Kaiser Augustus im täglichen Leben gewisse Worte häufig wiederholt und z. B. von faulen Schuldnern oft gesagt habe, sie würden

ad Calendas graecas,

an den griechischen Kalenden

d. h. nie, am Nimmermehrstage, bezahlen. Denn Calendae (woher Kalender stammt) hießen im römischen Kalender der erste Tag jedes Monats, während die Griechen keine solche Kalenden hatten.

Aus **Juvenal** können folgende Stellen als viel citirte betrachtet werden. Satire 1, 30:

Difficile est satiram non scribere;
Keine Satire zu schreiben ist schwer;

1, 74: *Probitas laudatur et alget;*
Lob schafft sich die Tugend, doch friert sie;

1, 79: *Facit indignatio versum;*
Es bildet den Vers (d. i. den Dichter) die Entrüstung;

2, 24: *Quis tulerit Gracchos de seditione querentes?*
Wer giebt den Gracchen Gehör, die Klagen erheben um Aufruhr?

d. h. wer hört auf Den, der Dasjenige, wogegen er eifert, selbst thut?

4, 91: *Vitam impendere vero;*
Sein Leben opfern dem Wahren;

6, 165: *Rara avis;*
Seltener Vogel;

6, 223: *Hoc volo, sic iubeo: sit pro ratione voluntas;*
Ich will's; also befehl' ich's; statt Grundes diene der Wille;

7, 154: *Crambe repetita;*
Aufgewärmter Kohl;

10, 81: *Panem et circenses;*
Brod und Spiele im Circus;

10, 356: *Mens sana in corpore sano;*
Gesunde Seele in gesundem Körper;

14, 47: *Maxima debetur puero reverentia;*
Die höchste Scheu sind wir dem (zu erziehenden) Knaben schuldig.

Tacitus hat in dem ersten Kapitel des ersten Buches der „Annalen" das berühmte Wort:

Sine ira et studio
Keinem zu Lieb' und Keinem zu Leid

(eigentlich: ohne Zorn und ohne Vorliebe) in folgendem Zusammenhange hinterlassen: „Ich habe daher die Absicht, Weniges über die letzten Jahre des Augustus, dann die Regierung des Tiberius und so fort zu erzählen, ohne Parteilichkeit, zu der ich keinen Grund habe."

Aus **Quintilian**, „de institutione oratorio," 1, 6, stammt jenes Musterbeispiel absurder Etymologie:

Lucus a non lucendo. [36])

Wald wird lucus genannt, weil es darin dunkel ist (non lucet).

Quintilian fragt daselbst: „Dürfen wir einräumen, daß einige Wörter von ihren Gegentheilen stammen, wie z. B. lucus, Wald, weil er, durch Schatten verdunkelt, wenig leuchtet (luceat)?"

Eine berühmte Stelle ist die aus demselben Werke, 10, 7:

Pectus est (enim) *quod disertos facit* (et vis mentis).

Das Herz macht beredt.

Das Wort:

Si vis pacem, para bellum,

Wenn Du Frieden willst, bereite Krieg,

ist höchst wahrscheinlich eine zu leichterem Gebrauch vorgenommene Verkürzung aus dem Kriegsschriftsteller **Vegetius**, 3: „Qui desiderat pacem, praeparat bellum."

Publius Syrus hat:

Diu apparandum est bellum, ut vincas celerius.

Lange ist der Krieg vorzubereiten, damit du schneller siegst.

Aus den Schriften des Grammatikers **Terentianus Maurus** hat ein Wort, das Ende des 258. Verses im „Carmen heroicum," einem Theile seines didaktischen Gedichtes: „De litteris, syllabis, pedibus et metris," Glück gemacht. Es ist das Wort:

(Pro captu lectoris) *habent sua fata libelli.*

Die Büchlein (wie sie gerade der Leser versteht) haben ihre Schicksale.

Der Ausdruck:

Cedo maiori [37])

Ich weiche dem Größeren

ist eine Umänderung des Wortes maiori cede, „dem Größeren weiche,“ welches wir in den „Sentenzen“ der unter dem Namen „Dionysius Cato“ bekannten alten Spruchsammlung finden.

Aus der 225. Sentenz des **Publius Syrus**:

Inopi beneficium dat qui cito dat,

Dem Armen giebt zweimal eine Wohlthat, wer schnell giebt,

ist der Spruch verkürzt:

Bis dat qui cito dat.

Doppelt giebt, wer gleich giebt.

Aus der „Alexandreïs“ des **Philippe Gualtier**, Bch. 5, 301, stammt der berühmte Vers:

Incidis in Scyllam, cupiens vitare Charybdim.

Du stürzest in die Scylla, während Du die Charybdis zu meiden wünschest.

Er wird häufig umgeändert in:

Incidit in Scyllam qui vult vitare Charybdim.

Das durch Thomas a Kempis „Imitatio Jesu Christi,“ B. 1, K. 19, 2 weit verbreitete:

Homo proponit, sed Deus disponit,

Der Mensch denkt, Gott lenkt,

(auf französisch:

L'homme propose et Dieu dispose),

kommt bereits zweimal in dem altenglischen Gedichte Piers Ploughman's Vision, V. 6644 und V. 13,994 vor; an der ersteren Stelle wird es ausdrücklich als Citat behandelt. Es heißt dort: „Homo proponit, sprach ein Dichter, und Plato hieß er, und Deus disponit, sprach er; laßt Gott seinen Willen thun.“

Omnis homo mendax
Jeder Mensch ist ein Lügner

findet sich in der Imitatio Christi, 45, 3.

In dem aus der Mitte des 14. Jahrhunderts stammenden altenglischen Gedichte: „Vision of Piers Ploughman," Zeile 12,908 wird citirt:

Clarior est solito post maxima nebula (sic!) Phoebus,

und das Citat ist in dieser grammatisch und rythmisch unrichtigen Form durch die Jahrhunderte hindurch bis in Binder's: „Novus Thesaurus Adagiorum Latinorum," 1866 gewandert. Der Vers, berichtigt, enthält das bekannte:

Post nubila Phoebus.
Nach Wolken die Sonne.

Wer der Verfasser des Ausspruchs:

Caesar non supra grammaticos
Der Kaiser hat über Grammatiker nicht zu gebieten

ist, was Molière in den „Femmes savantes," Akt 3, Sc. 3, zu

La grammaire, qui sait régenter jusqu'aux rois
Die Grammatik, welche sogar die Könige zu beherrschen weiß

verarbeitet, weiß ich nicht anzugeben, wohl aber, daß es sich auf Kaiser Sigismund bezieht, welcher nach der Kaiserchronik des Cuspinianus (unter Sigismund) auf dem Kostnitzer Konzil das Wort „Schisma" als weibliches Hauptwort brauchend und deswegen vom Erzbischof Placentinus gerügt, zur großen Erheiterung der Anwesenden lateinisch ausrief: „Placentinus, Placentinus, wenn Du auch Allen gefallen solltest, gefällst Du uns keineswegs *), da Du meinst, daß wir weniger Autorität besitzen, als der Grammatiker Priscianus, den, wie Du behauptest, ich verletzt habe."

---

*) Placentine, Placentine, si omnibus placeres, minime nobis places etc.

Der Verfasser des Verses:

Tempora mutantur, nos et mutamur in illis
Die Zeiten ändern sich und wir mit ihnen

ist **Owen** im 53. „Epigramm" des ersten Buches „ad tres Maecenates," der hier, nach seiner Art an irgend eine bekannte Stelle, an irgend ein geflügeltes Wort, eine häufig komische Erweiterung oder Begründung anzuschließen, wovon wir in den Travestieen ein Beispiel sehen werden, offenbar, doch irrtümlich, den Anfang des 165. Verses in Ovid's „Metamorphosen," B. 15, zu erweitern glaubte, wo es jedoch: Omnia mutantur (Alles verändert sich) heißt. Riley in seinem „Dictionary of Latin quotations," (London, Bohn, 1860) nennt Borbonius als Verfasser; in einem Exemplar der 1533 in Basel erschienenen „Nugae" des Letzteren habe ich jedoch vergeblich diesem Verse nachgespürt.

Für die Quelle der Worte:

Mundus vult decipi; ergo decipiatur
Die Welt will getäuscht sein; darum werde sie getäuscht

wird gewöhnlich auf die Schriften des 1541 gestorbenen Mediciners Paracelsus verwiesen. Der fragliche Ausdruck ist aber weder in lateinischen Worten gethan worden, da Paracelsus überhaupt vorwiegend, und namentlich seine Kraft- und Kernsprüche deutsch schrieb, noch auch in dieser Erweiterung. „Wenn er," schreibt mir ein Kenner dieses Schriftstellers, Dr. Garms in Soest, „auch sagt: 'Die Welt will betrogen sein,' so würde er nimmermehr hinzufügen: ergo decipiatur. Dazu war er ein zu ehrlicher und gerader Charakter, der überall mit Betrug und Charlatanismus in Fehde lag." Das geht denn auch aus folgender Stelle deutlich hervor. Wir lesen in Paracelsus' Schriften, herausgegeben von Johann Huser (erschienen bei Zetzner in Straßburg), Buch 1, fünfte Defension, S. 260:

„Und dieweil mit einem Sattel alle Roß geritten wollen werden, und die Krankheit in Wesen nicht erkennet, sondern was einem jeglichen in Kopf fallet, das ist sein Kunst: Da ist noch kein Erfahrenheit noch Mehrheit ergründet. Das ursacht aber solches das geschieht, daß die Welt betrogen will sein: darumb muß die Arznei mit solchen Buben besetzt werden, von denen die Welt betrogen werde: denn ein frommer thut es nicht. Wenn aber die Welt nicht betrogen begerte zu werden, es würde die Arznei mit andern besetzt werden. Dieweil aber die Welt etlichs theils auch nichts oder wenig soll, so mag sie das Fromme nicht bei ihr geduldeu: darumb muß gleich mit gleichen verfügt werden. Ob nicht billig sich einer schemen sollt, der unter solche Buben gezehlt und benennet soll werden?"

Daß die Welt betrogen sein will, spricht er ferner mit einem Kraftausdruck im 3. Bande in der 14. Impostur, S. 159 aus. Man sieht, wie sich aus obiger Stelle der bekannte lateinische Ausspruch entwickeln konnte; wer diesen aber zuerst formulirte, ist schwer zu sagen; vielleicht Thuanus, in dessen Schriften er nach dem oben erwähnten Dictionary von Riley vorkommen soll. Auch ein Epigramm Holberg's B. 3, 93) beginnt mit dem gleichbedeutenden:

Vult ludi mundus, ludetur.

Als Verfasser des Distichons:

Bella gerant alii: tu, felix Austria, nube!
Nam quae Mars aliis, dat tibi regna Venus,
Kriegen laß Andre; doch du, o glückliches Oesterreich, freie!
Andren erweitert den Staat Mars, und Venus ihn dir,

wird in William Stirling's „Klosterleben Kaiser Karl's des Fünften" zu Anfang **Matthias Corvinus** genannt. Ihm hatte gewiß der Vers in Ovid's Heroiden 13, 84 vorgeschwebt:

Bella gerant alii, Protesilaus amet. —

Medium tenuere beati
Die Mitte halten die Glückseligen

war der Wahlspruch des 1613 gestorbenen Professors **Taub**-

mann zu Wittenberg, wie aus den „Taubmanniana“ (Frankfurt und Leipzig bei Meyern, 1710), S. 157—160 und 218 hervorgeht. Daselbst wird auch erzählt, daß der kursächsische Administrator einst ein Mahl gab, zu dem auch Taubmann mit seinen Studenten geladen wurde. Sie wurden in der Mitte der Tafel placirt, und es wurden ihnen leere Schüsseln vorgesetzt, während die andern Gäste mit vollen bedient wurden. Taubmann merkte, daß ihm wegen seines Wahlspruchs ein Possen gespielt werden sollte und extemporirte die Verse:

Esuriunt medii, summi saturantur et imi.
Errant qui dicunt: Medium tenuere beati.

(Satt wird oben und unten; es hungern die in der Mitte.
Also irren, die sagen, daß die in der Mitte beglückt sind.)

„Welches auch dem Administratori also wohl gefallen, daß er Taubmannum alsbald zu sich an seine Seite sitzen lassen und ihme sehr grosse Ehre angethan.“

Auch ist von ihm der bekannte Vers:

Quando conveniunt ancillae Sibylla, Camilla,
Sermonem faciunt et ab hoc, et ab hac, et ab illa.

Wenn die Mägde Sibylla und Camilla zusammen kommen,
Schnattern sie von diesem und von dieser und von jener.

Die Inschrift an Geschützen:

Ultima ratio regum

Der letzte Grund der Könige

wird allgemein auf **Ludwig XIV.** zurückgeführt.

Als unter Ludwig XIV. der Herzog von **Montausier** im Jahre 1668 zum Gouverneur des Dauphin ernannt worden war, ließ er durch Bossuet und Huet Ausgaben der alten Klassiker,

in usum delphini

zum Gebrauch für den Dauphin

besorgen, worin die anstößigen Stellen aus dem Texte weggelassen und erst am Schluß zusammengestellt sind. Man dehnt jetzt den Ausdruck auf alle aus irgend welchen Grundsätzen verstümmelte Schriften aus. — Ausgaben, welche durch Umschreibung oder wörtliche Uebersetzung des Textes der Denkträgheit des Lernenden fröhnen, wurden früher auf dem Titel und werden noch heute als Ausgaben

ad modum Minellii
in Minelli's Art

bezeichnet nach dem 1683 gestorbenen Rektor der Schule in Rotterdam **Minelli**, der zuerst solche bequeme Ausgaben machte.

Bellum omnium in (nicht: contra) *omnes*
Krieg Aller gegen Alle

ist ein Ausspruch des englischen Philosophen **Hobbes** in seiner Schrift De cive, Kap. 1, 12, woselbst es im Zusammenhange heißt: „— es kann nicht geleugnet werden, daß der natürliche Zustand der Menschen, bevor die Gesellschaft gebildet wurde, der Krieg war und zwar nicht einfach der Krieg, sondern der Krieg Aller gegen Alle."

Der Vers, mit dem Turgot des Bildhauers Houdon Büste Franklin's zierte:

Eripuit coelo fulmen sceptrumque tyrannis,
Er entriß dem Himmel den Blitz und das Scepter den Tyrannen

ist eine Nachbildung des „Anti-Lucretius" des Kardinals Polignac I, V. 96:

Eripuitque Jovi fulmen Phoeboque sagittas,

wenn man nicht bis zum „Astronomicon" des Manilius, 3, V. 104:

Eripuitque Jovi fulmen viresque tonandi

hinaufsteigen will.

Endlich haben wir noch einiger Worte zu erwähnen, welche, ursprünglich der Rechtswissenschaft angehörig, eine allgemeinere Bedeutung bekommen haben. So ist:

Periculum in mora [38])
Gefahr im Verzuge

(Preklemore, wie der jüdische Mann sagt) ursprünglich ein Rechtsausdruck, der einen Grund für summarisches (schleuniges) Rechtsverfahren enthält. Anscheinend kommt er zum ersten Male in der „Cammer-Gerichts-Ordnung von 1555," Th. II, Titel 23 vor. —

Tres faciunt collegium,
Drei machen ein Kollegium aus,

womit wir im gewöhnlichen Leben bezeichnen, daß wenigstens Drei dazu gehören, um mit Behagen einige Flaschen Wein zu leeren, oder daß die Anwesenheit von wenigstens drei Studenten nöthig ist, um den Herrn Professor zu veranlassen, seine Vorlesung wirklich zu halten, ist ein in den „Digesten," lex 85, Titel: de verborum significatione (B. 50, Tit. 16) in der Form: Neratius Priscus tres facere existimat collegium et hoc magis sequendum est (Neratius Priscus meint, daß drei ein Kollegium ausmachen und so ist es auch zu halten) und in der Bedeutung, daß wenigstens drei Personen da sein müssen, um die Grundlage einer Art der juristischen Person, einen Verein zu bilden, vorkommender Rechtsspruch. v. Savigny sagt in seinem „System des heutigen römischen Rechtes," B. 2, §. 89, Note a: „Es giebt wohl wenige Aussprüche des römischen Rechtes, die so sehr auch unter Nicht-Juristen in Umlauf gekommen sind, wie dieser."

Auch das kanonische Recht liefert hier seinen Beitrag mit dem im 6. Buch der Decretalen (Buch 5, Tit. 12, Reg. 43) enthaltenen Grundsatz Bonifacius' VIII.:

Qui tacet, consentire videtur.
Wer schweigt, von dem wird angenommen, daß er zustimmt.

Das Wort:

O si tacuisses, philosophus mansisses

Wenn Du geschwiegen hättest, wärest Du ein Philosoph geblieben

findet seine Erklärung aus folgender Erzählung in **Boëthius**, „Tröstung der Philosophie," Bch. 2, Kap. 17: „Als Jemand einen Mann, der den falschen Namen eines Philosophen nicht zum Vortheil wahrer Tugend, sondern aus hochmütiger Eitelkeit führte, mit Schmähreden angegriffen und hinzugefügt hatte, daß er bald erfahren würde, wenn Jener nämlich die zugefügten Beleidigungen sanft und geduldig trüge, ob derselbe ein Philosoph sei, so trug Letzterer einige Zeit lang Geduld zur Schau, und gleichsam höhnend über die erlittene Schmähung fragte er: „Merkst Du nun endlich, daß ich ein Philosoph bin? Darauf sagte der Erstere recht beißend: „Intellexeram, si tacuisses — Ich hätt's gemerkt, wenn Du geschwiegen hättest." Mit anderen Worten: „Du wärst ein Philosoph geblieben, wenn Du geschwiegen hättest."

Sic transit gloria mundi!

So vergeht die Herrlichkeit der Welt!

ist der Anfang eines lateinischen Kirchenliedes, welcher bei der Krönungsceremonie des Papstes gesprochen wird, wenn man ihn auf dem Tragsessel zu St. Peter's Altar trägt, während daneben eine Flocke Werg verbrannt wird.

Wir fügen hier noch einige viel gebrauchte lateinische Worte zu, deren Ursprung bis jetzt nicht ermittelt ist. Wer hat das von Goethe im 1. Akt des Götz dem Olearius in den Mund gelegte:

Post coenam stabis, seu passus mille meabis

Nach dem Essen sollst Du steh'n oder tausend Schritte geh'n

erfunden? In dem „regimen sanitatis Salernitanum," den diätetischen Regeln der medizinischen Schule zu Salerno, findet sich dieser Spruch nicht.

Wem verdankt man:

Dic cur hic?

Sage, wozu Du hier bist?

und wem:

Naturalia non sunt turpia?

Natürlicher Dinge braucht man sich nicht zu schämen? —

Aut Caesar aut nihil

Entweder Cäsar oder Nichts

war die unter einem Kopf des römischen Cäsär angebrachte Devise **Cesare Borgia**'s.

Woher aber stammt:

Divide et impera?

Theile und gebiete?

und woher:

Fiat justitia, pereat mundus?

Es geschehe, was recht ist und geht die Welt darüber unter?

Hat **Tertullian** wirklich gesagt:

Credo quia absurdum;

Ich glaube es, weil es widersinnig ist;

oder ist das nur eine Karrikatur des in seiner Schrift „über das Fleisch Christi," K. 5, enthaltenen Satzes:

Certum quia impossibile?

Es ist gewiß, weil es unmöglich ist? —

Solamen miseris, socios habuisse malorum, [39])

Es ist ein Trost für die Unglücklichen, Leidensgenossen zu haben,

dessen Urheber unbekannt ist, antwortet Mephistopheles im „Faust" des englischen Dramatikers Marlowe auf die Frage des Faust: Wozu nutzt meine Seele deinem Herrn? läßt sich also nur erst bis auf das Jahr 1580 zurückführen. Eine entsprechende Stelle bei Seneca „Ueber den

Trost.“ An den Polybius,“ K. 31, lautet: „Dies selbst ist so gut wie ein Trost, seinen Schmerz unter Viele zu vertheilen.“

Doch

Claudite iam rivos, pueri; sat prata biberunt

Hemmt nun die Rinnen, ihr Knechte! genugsam getränkt sind die Wiesen

heißt es am Schluß der 3. Ecloge **Virgil**’s.

VII.

Biblische Citate.

Da die Bibel unstreitig unter allen Büchern der Erde das bekannteste ist, so versteht es sich von selbst, daß die Sprachen mit volkstümlichen Ausdrücken aus ihr reichlich getränkt sind; dies gilt namentlich von der deutschen. Sie wimmelt von biblischen Wendungen, die gleichmäßig in alle Schichten der Gesellschaft hinauf- und hinabgedrungen sind. Viele Personen der biblischen Historien sind typische Bezeichnungen menschlicher Eigenschaften geworden, und die Ortsnamen derselben haben eine allgemeine Bedeutung bekommen.

Der Mensch wird nackt geboren wie Adam, er ist keusch wie Joseph, weise wie Salomo oder ein ungläubiger Thomas, er ist ein langer Laban, ein Riese Goliath, ein Enakskind, stark wie Simson, er lebt wie im Paradiese, dient dem Mammon und hat Mosen und die Propheten, oder wenn Paulus davon nichts schreibt, stimmt er, arm wie Lazarus, noch dazu ein blinder Tobias, Jeremiaden an, sehnt sich zurück nach den Fleischtöpfen Aegyptens, bekommt eine Hiobspost über die andere, und muß Uriasbriefe bestellen, wobei er von Pontius zu Pilatus zu laufen hat. Vielleicht ist er ein Saul unter den Propheten oder ein barmherziger Samariter. Oder er ist ein Pharisäer, der Judasküsse giebt; noch schlimmer, wenn er ein Kainszeichen an der Stirn trägt; dann muß man ihn zur Rotte Kora zählen; aber möglicherweise gehört er zu dem unschädlichen Geschlecht der Krethi und Plethi, oder ist nichts als ein gewöhnlicher Philister. Jedenfalls müssen ihm die

Epistel und die Leviten gelesen werden, damit er den alten Adam ausziehe und er nicht länger wie in Sodom und Gomorrha lebe, in ägyptischer Finsterniß und in babylonischer Verwirrung. Doch wie dem auch sei, er sehnt sich danach, alt zu werden wie Methusalah, und wenn es mit ihm Matthäi am letzten ist, wird er aufgenommen in Abraham's Schooß.

Neben solchen der Bibel entnommenen Redensarten gehen nun eine Menge biblischer Sprüche einher, die ungemein häufig durch den Mund des Volkes umgestaltet und zu bequemerem Gebrauch eingerichtet, selbst profanirt sind. Wir aber haben hier nur die Pflicht, aufzuzeichnen, wie unser Volk spricht. Nach einer sehr verdienstvollen Arbeit,*) die wir auf diesem Gebiete bereits besitzen, konnte die Zusammenstellung der hier folgenden, auf die Bibel zurückführbaren Citate nicht schwer werden, obwohl der Verfasser auch hier beanspruchen dürfte, selbstständig sowohl gesammelt als bearbeitet zu haben.

Einen wüsten Zustand der Verwirrung nennen wir nach I **Mos.** 1, 2 ein

Tohuwabohu,

nach den hebräischen Ausdrücken für „wüste und leer;" den Menschen nennen wir nach I Mos. 2, 7 einen

Erdenkloß.

Es ist nicht gut, daß der Mensch allein sei,

citiren wir nach I Mos. 2, 18;

Mann und Frau sind Eins,

nach I Mos. 2, 24: „Darum wird ein Mann seinen Vater und seine Mutter verlassen und an seinem Weibe hangen, und sie werden sein Ein Fleisch."

Im Schweiße Deines Angesichts sollst Du Dein Brod essen,

und

Denn Du bist Erde und sollst zur Erde werden,

steht I Mos. 3, 19.

---

*) Karl Schulze, Die biblischen Sprichwörter der deutschen Sprache. Göttingen, 1860.

Dasselbe Kapitel enthält im 5. Verse das von Goethe in der Schülerscene des „Faust," und ferner als Titel eines bekannten theologischen Romans lateinisch angewendete:

Eritis sicut Deus, scientes bonum et malum,

Und werdet sein wie Gott, und wissen, was gut und böse ist.

Der Ausdruck:

himmelschreiend

basirt auf I Mos. 4, 10: „Die Stimme Deines Bruders Bluts schreiet zu mir von der Erde."

Wollen wir ausdrücken, daß Jemand von Gott gezeichnet ist, daß er den Zug der Bosheit ausgeprägt in den Mienen trägt, dann reden wir nach I Mos. 4, 15 von einem

Kainszeichen,

obgleich nach der Bibel der Herr ein Zeichen an Kain machte, daß ihn Niemand erschlüge, wer ihn fände.

Zur Bezeichnung eines sehr hohen Alters dient

Methusalah,

der nach I Mos. 5, 27 das Alter von 969 Jahren erreichte.

Der leidenschaftliche Jäger oder Kegelschieber wird

Nimrod

genannt, nach I Mos. 10, 9: „Daher spricht man: Das ist ein gewaltiger Jäger vor dem Herrn, wie Nimrod."

Die babylonische Verwirrung

stammt aus I Mos. 11, 9;

Sodom und Gomorrha,

als Bezeichnung eines lasterhaften Ortes, aus I Mos. K. 19;

Wie Sand am Meere

aus I Mos. 22, 17, obwohl es, wenn solche Ausdrücke überhaupt entlehnt werden, auch aus dem Griechischen (Aristophanes „Acharner" im Anfang) entlehnt sein könnte;

Keusch wie Joseph

aus I Mos. K. 39;

Aegyptische Finsterniß

aus II **Mos.** 10, 22: „Da ward eine dicke Finsterniß in ganz Aegyptenland drei Tage."

Wollen wir bezeichnen, daß sich Jemand nach einer früheren und äußerlich besseren Lage zurücksehnt, so sagen wir mit Anlehnung an II Mos. 16, 3: „Wollte Gott, wir wären in Aegypten gestorben, durch des Herrn Hand, da wir bei den Fleischtöpfen saßen," daß er sich zurücksehnt nach

den Fleischtöpfen Aegyptens.

Wir sprechen von einem gesegneten Lande,

wo Milch und Honig fließt,

nach II Mos. 13, 5. Der Ausdruck wiederholt sich häufig in der Bibel und ist auch in den klassischen Sprachen bekannt.

Die Verehrung des Reichtums und die Sucht nach Metallbesitz bezeichnen wir fälschlich nach II Mos. 32, 8 mit

Anbetung des goldenen Kalbes;

denn in der betreffenden Stelle handelt es sich nur um ein Götzenbild, zu dessen Herstellung sich die Juden vielmehr ihres goldenen Geschmeides entäußert hatten.

Aus III **Mos.** 16 stammt der

Sündenbock;

die Bezeichnung eines verblendeten Haufens wüster Polterer und Schreier durch

die Rotte Korah,

aus IV **Mos.** 16, 5.

Du sollt dem Ochsen, der da drischet, nicht das Maul verbinden

steht V **Mos.** 25, 4. — Auch die Redensart:

Jemanden wie seinen Augapfel hüten

ist biblisch, V Mos. 32, 10.

Josua 24, 15 steht der Ausspruch, den die Thronrede Friedrich Wilhelm's IV. vor dem Vereinigten Landtage in Erinnerung brachte:

Ich und mein Haus wollen dem Herrn dienen.

Wenn wir das hebräische Wort

Schiboleth

(auf deutsch: Aehre) als allgemeine Bezeichnung des Losungswortes für eine Partei gebrauchen, so stützen wir uns dabei auf das **Buch der Richter**, 12, 5 und 6: „Die Gileaditer hatten sich bei einer Furt des Jordan aufgestellt und richteten an jeden Ephraiter, der hinüber wollte, die Frage: Bist Du ein Ephraiter? Wenn er dann antwortete: Nein! so hießen sie ihn sprechen: Schiboleth; so sprach er Siboleth und konnte es nicht reden. So griffen sie ihn" u. s. w.

Löst Jemand eine Aufgabe mit fremder Hülfe, so nennen wir das noch heute:

mit fremdem Kalbe pflügen,

nach dem Vorgange Simson's, dessen Braut die Auflösung eines von ihm aufgegebenen Räthsels ihm entlockt und den Rathenden mitgetheilt hatte, worauf er zu ihnen nach Richter 14, 18 sprach: „Wenn ihr nicht hättet mit meinem Kalbe gepflüget, ihr hättet mein Räthsel nicht getroffen."

Der Ausdruck:

wie Ein Mann

ist ein an vielen Stellen der Bibel, z. B. Richter 20, 8 vorkommender.

Das von Goethe am Ende von „Wilhelm Meister's Lehrjahren" und nach ihm angewendete:

Saul, der Sohn Kis, ging aus, seines Vaters Eselinnen zu suchen, und fand ein Königreich,

findet seine Erklärung aus I **Samuelis** Kap. 9 und 10.

Das Sprichwort:

Wie kommt Saul unter die Propheten?

hat folgenden Ursprung. Einer Prophetenschaar begegnend und vom Geiste Gottes ergriffen, fing Saul auch an, unter ihnen zu weissagen. „Daher," heißt es I Samuelis 10, 12, „ist das Sprichwort gekommen: Ist Saul auch unter den Propheten?"

Auch finden wir in I Samuelis 25, 22 und 34 ein von Bürger in den „Weibern von Weinsberg" benutztes Kraftwort, das außerdem noch an drei anderen Stellen der Bibel zu lesen ist.

Wir lesen:

Krethi und Plethi,

das eigentlich „Leibwache und Troßbube" bedeutet und zur Bezeichnung einer nicht gewählten Gesellschaft gebraucht wird, in II **Samuelis** 8, 18 und an andern Stellen der Bibel; nach II Samuelis 11, 15 wird ein Brief, der dem Ueberbringer Unheil bringt,

Uriasbrief

genannt. — Aus II Samuelis 18, 33 stammt:

O mein Sohn Absalom!

Nach **Hiob** 1, 14, 16, 17 u. 18 heißt eine unglückliche Botschaft eine

Hiobspost,

und wenn wir Jemanden sprichwörtlich

arm wie Hiob

nennen, so könnten wir uns dabei auf das ganze Buch stützen, aber K. Schulze (Archiv für neuere Sprachen, Bd. 28, S. 135) citirt hierzu passender Hiob 17, 6: „Er hat mich zum Sprichwort unter den Leuten gesetzt."

Das viel citirte Wort:

Der Herr hat es gegeben, der Herr hat es genommen; der Name des Herrn sei gelobet,

steht Hiob 1, 21, und:

Bis hieher sollst Du kommen und nicht weiter,

Hiob 38, 11.

Die drei letzten Worte sind sowohl in der von Franzosen und Engländer stets richtig angeführten Uebersetzung:

Nec plus ultra,

wie in der Umformung:

Non plus ultra,

die wir damit vorgenommen haben, eine allgemeingültige Bezeichnung des höchsten Grades einer Eigenschaft geworden.

In **Psalm** 68, 13 finden wir das Wort

Hausehre,

für „Hausfrau“ vielleicht zum ersten Male gedruckt.

Seine Hände in Unschuld waschen

ist nach Psalm 26, 6, oder besser Psalm 73, 13 gebildet.

Außerdem haben die Psalmen der deutschen Sprache eine Summe höchst gebräuchlicher Sprichwörter zugeführt, wie das, aus dem die

Wunderlichen Heiligen

stammen:

Gott führt seine Heiligen wunderlich

nach Psalm 4, 4: „Erkennet doch, daß der Herr seine Heiligen wunderlich führet.“

Ferner Psalm 34, 20:

Der Gerechte muß viel leiden;

Psalm 37, 3:

Bleibe im Lande und nähre Dich redlich.

Dahin gehört auch der Scherz:

Die Gottlosen kriegen die Neige,

der aus Psalm 75, 9 entwickelt ist, wonach der Herr unter dem Bilde eines Weinschenken dargestellt wird, der uns aus einem Becher starken Weins tränkt, „aber die Gottlosen,“ heißt es weiter, „müssen alle trinken und die Hefen aussaufen.“ Auch Jeremias 25, 15—28 reicht der Herr dem Propheten einen „Becher Weins voll Zorns“ zum Ausschenken.

Noch zwei Sprichwörter sind hier zu nennen. Ps. 94, 15:

(Denn) Recht muß (doch) Recht bleiben,

und:

Gott giebt's den Seinen im Schlafe,

eine volkstümliche Bearbeitung von Psalm 127, 2: „Denn einen Freunden giebt er's schlafend,“ wie man auch

Viel Kinder, viel Segen

vielleicht als eine Umgestaltung von Psalm 127, 3:

Siehe, Kinder sind eine Gabe des Herrn,

auffassen könnte.

Wir schließen die Anführungen aus den Psalmen mit dem aus Psalm 104, 15 entnommenen:

Der Wein erfreuet des Menschen Herz,

das auch der Anfang eines viel komponirten Liedes von Karl Müchler geworden ist; und mit dem auch im gewöhnlichen Leben oft citirten Vers 10 des 90. Psalms:

Unser Leben währet siebenzig Jahre, und wenn es hoch kommt, so sind es achtzig Jahre, und wenn es köstlich gewesen ist, so ist es Mühe und Arbeit gewesen.

Daß der weise Salomo, er, der dreitausend Sprüche redete (I Könige 4, 32), er, der den Sprichwörtern die allgemein gültige Benennung der

Weisheit auf der Gasse

nach den **Sprüchen Salomonis** 1, 20: „Die Weisheit klaget draußen, und lässet sich hören von den Gassen," verschafft hat, hier gewiß nicht leer ausgeht, beweisen:

Sprüche 1, 10: (Mein Kind,) wenn Dich die bösen Buben locken, so folge nicht; 40)

Sprüche 3, 12: Welchen der Herr liebet, den strafet er; *)

Sprüche 12, 10: Der Gerechte erbarmet sich seines Viehes;

Sprüche 19, 17: Wer sich des Armen erbarmet, der leihet dem Herrn;

Sprüche 25, 11: Güldene Aepfel in silbernen Schalen

(ein Lieblingswort Goethe's); ferner:

Gestohlenes Wasser schmeckt süß,

nach Sprüche 9, 17: „Die verstohlenen Wasser sind süße;"

Unrecht Gut gedeiht nicht,

nach Sprüche 10, 2: „Unrecht Gut hilft nicht;"

Hochmut kommt vor dem Fall,

nach Sprüche 16, 18: „Stolzer Mut kommt vor dem Fall;

---

*) Hebräer 12, 6.

Wer Andern eine Grube gräbt, fällt selbst hinein,

nach Sprüche 26, 27: „Wer eine Grube machet, der wird d'rein fallen."

Alles ist eitel,

oder vielmehr: „Es ist Alles ganz eitel," ruft der **Prediger Salomo** 1, 2;

und geschieht nichts Neues unter der Sonne,

sagt er 1, 9.

Ein Jegliches hat seine Zeit,

in gewöhnlicher Form:

Alles zu seiner Zeit,

lesen wir ebenda 3, 1, und

Ein lebendiger Hund ist besser weder (d. h. als) ein todter Löwe,

ebenda 9, 4. Die Worte des Predigers Salomonis 10, 16:

Wehe dir Land, deß König ein Kind ist,

citirte ein anderer Salomo, Bischof von Constanz, mit Bezug auf Ludwig das Kind (Giesebrecht, „Geschichte der deutschen Kaiserzeit," Bd. 1, Buch 2), und Shakespeare macht davon Gebrauch in „Heinrich VI," Th. 1, Akt 4, Sc. 1:

'T is much, when sceptres are in children's hands. —

Das sind die Tage, von denen wir sagen: Sie gefallen uns nicht,

beruht auf Prediger Salomonis 12, 1: „Gedenke an deine Jugend, ehe denn die bösen Tage kommen und die Jahre herzutreten, da du wirst sagen: Sie gefallen uns nicht."

Wenn die christliche Poesie den Fürsten der Finsterniß

Lucifer

nennt, so stützt sie sich auf **Jesaias** 14, 12: „Wie bist du vom Himmel gefallen, du schöner Morgenstern!" da die lateinische Bibel „Morgenstern" mit „Lucifer" übersetzt.

Wer in den Wind spricht, den nennen wir einen

Prediger in der Wüste,

nach Jesaias 40, 3: „Es ist die Stimme eines Predigers in der Wüste."

Vox clamantis in deserto.

Sursum corda!

Lasset uns unser Herz aufheben zu Gott!

stammt aus den Klageliedern **Jeremiä** 3, 41.

Mene Tekel,

für „Warnungsruf," ist aus **Daniel** 5, 25. König Belsazar gab ein wüstes Mahl. Plötzlich sah er zu seinem Entsetzen an der gegenüberliegenden, hell bestrahlten Wand des Saales eine unheimliche Erscheinung. Finger einer Menschenhand bewegten sich wie schreibend die Wand entlang und verzeichneten an ihr die Wörter: „Mene, Mene, Tekel, Upharsin." Daniel, zur Deutung dieser räthselhaften Ausdrücke herbeigerufen, las den Untergang des Reiches heraus. Der König starb in der folgenden Nacht. Die in Vers 27 enthaltene Verdolmetschung des Wortes „Tekel" hat der deutschen Sprache ebenfalls die übliche Wendung:

in einer Wage gewogen und zu leicht befunden werden

zugeführt.

Sonst haben die Propheten wenig zu unserem Wortschatze beigetragen; doch beruht ein sehr bekanntes, schönes Wort:

Wer Wind säet, wird Sturm ernten

auf **Hosea** 8, 7, und

Dixi et salvavi animam meam

Ich habe gesprochen und meine Seele gerettet

auf **Hesekiel** 3, 18, 19 und 33, 8, 9.

Ein alter Reimspruch:

Was Du nicht willst, das Dir geschicht,
Das thu' auch keinem Andern nicht,

ist die Umarbeitung von **Tobias** 4, 16: „Was du nicht willt, das man dir thue, das thue einem Andern auch nicht."

Die Worte aus Tobias 6, 3:

O Herr, er will mich fressen,

wendet man im gewöhnlichen Leben an, um ein unverstecktes, unhöfliches Gähnen damit zu rügen; da man nun am meisten da gähnt, wo es langweilig ist, so kritisirt man auch eine

Gesellschaft, in der es langweilig herging, entweder mit obigen Worten oder mit den Worten:

Tobias sechs, Vers drei,

Jesus Sirach hat uns folgende Sprüche geschenkt: Kap. 3, 24:

Was Deines Amtes nicht ist, da laß Deinen Vorwitz; —
Wer sich in Gefahr begiebt, kommt darin um,

nach 3, 27: „Denn wer sich gern in Gefahr begiebt, der verdirbt darinnen."

Was Du thust, bedenke das Ende. (7, 40.)

Ist nach diesem Spruch der lateinische gebildet:

Quidquid agis, prudenter agas et respice finem? 41)
Was Du auch thust, thu' es klug und bedenke das Ende?

Dagegen spricht, daß dieser im Mittelalter oft vorkommende Vers an vielen Orten z. B. in den Gesta Romanorum c. 103 auf Aesop zurückgeführt wird, was die Aesopische Fabel Nr. 45 (bei Halm) auch als richtig bestätigt.

Das Werk lobt den Meister. (Sirach 9, 24.)
Wer Pech angreifet, der besudelt sich damit. (13, 1.)

Die Wendung:

Wider den Strom schwimmen

findet sich in Sirach 4, 31: „Strebe nicht wider den Strom."

Die Redensart:

Seine Worte auf der Goldwage wägen,

stützt sich auf Sirach 28, 29, und:

Alle Wasser fließen in's Meer

auf Sirach 41, 11.

Im Evangelium **Matthäi** 4, 4 lesen wir:

Der Mensch lebt nicht vom Brot allein,

welches Christus anwendete nach V Mose 8, 3: „Er demütigte dich und ließ dich hungern, und speisete dich mit Man, das du und deine Väter nie erkannt hattest; auf daß er dir kund thäte, daß der Mensch nicht lebe vom Brot allein, sondern von allem, das aus dem Munde des Herrn gehet."

Die Ausdrücke:

Sein Licht nicht unter den Scheffel stellen

und:

Sein Licht vor den Leuten leuchten lassen

sind aus Matth. 5, 15 und 16: „Man zündet auch nicht ein Licht an und setzet es unter einen Scheffel, sondern auf einen Leuchter, so leuchtet es denen allen, die im Hause sind. Also lasset euer Licht leuchten vor den Leuten" u. s. w.

Lasse Deine linke Hand nicht wissen, was die rechte thut

lesen wir Matth. 6, 3.

In demselben Kapitel bieten die Verse 21, 24 und 34 folgende Sprüche:

Denn wo Euer Schatz ist, ist auch Euer Herz.

Niemand kann zween Herren dienen.

Es ist genug, daß jeder Tag seine eigene Plage habe,

was sehr häufig auch im Englischen in der Form:

Sufficient unto the day is the evil therof

angewendet wird und sich bei uns gewöhnlich verkürzt in:

Jeder Tag hat seine Plage,

wie auch Goethe in Philine's Lied sagt (Wilhelm Meister's Lehrjahre, Buch 5, Kap. 10).

Der 13. Vers enthält die siebente Bitte: „Erlöse uns von dem Uebel." Daher sagt man im Volke von einem bösen Weibe: Sie ist aus der siebenten Bitte, oder man nennt sie kurzweg:

Böse Sieben.

Die Ausdrücke:

Mammon, Mammonsdiener

für „Reichtum" und „Geldmensch," sind ebenfalls dem 24. Verse entnommen: „Ihr könnet nicht Gott dienen und dem Mammon" (d. h. dem syrischen Gotte des Reichtums).

Der Ausdruck:

Splitterrichter

verdankt seine Entstehung folgender Stelle (Matth. 7, 5): „Du Heuchler, zeuch am ersten den Balken aus Deinem Auge;

darnach besiehe, wie Du den Splitter aus Deines Bruders Auge ziehest."

Die Perlen vor die Säue werfen

ist gebildet nach Matth. 7, 6: „Ihr sollt das Heiligtum nicht den Hunden geben, und eure Perlen sollt ihr nicht vor die Säue werfen."

Suchet, so werdet ihr finden,

findet sich in Matth. 7, 7. Der 9. Vers: „Welcher ist unter euch Menschen, so ihn sein Sohn bittet um Brot, der ihm einen Stein bietet," hat die Redeweise:

einen Stein statt Brot geben

unserem Sprachschatz zugeführt.

Das Bild der

Wölfe in Schafskleidern [42])

beruht auf Matth. 7, 15: „Sehet Euch vor vor den falschen Propheten, die in Schafskleidern zu Euch kommen; inwendig aber sind sie reißende Wölfe."

Matth. 7, 20 sagt:

(Darum) an ihren Früchten sollt Ihr sie erkennen,

und 8, 22:

Laß die Todten ihre Todten begraben.

Eine Grundregel echter Lebensweisheit enthält Matth. 10, 16:

Seid klug wie die Schlangen und ohne Falsch wie die Tauben. [43])

Das schon vor Luther sprichwörtliche und gerade deshalb, wie er uns selbst mittheilt, von ihm wohlbedächtig zur Uebersetzung des Urtextes in Matth. 12, 34 gewählte Wort:

Weß das Herz voll ist, deß geht der Mund über

lautet im Französischen dagegen, mit wörtlicher Uebersetzung des Urtextes:

De l'abondance du coeur la bouche parle,

und ist in dieser Form den Franzosen sprichwörtlich geworden; ebenso wie:

Wer da hat, dem wird gegeben,

Matth. 13, 12 und sonst, seinen französischen Schliff in:

On ne prête qu'aux riches

gefunden hat.

In Kapitel 13, Vers 9 finden wir auch das sich häufig wiederholende:

Wer Ohren hat zu hören, der höre; *)

und der 57. Vers: „Ein Prophet gilt nirgend weniger, denn in seinem Vaterlande und in seinem Hause," wird gemeiniglich gekürzt in:

Der Prophet gilt nichts in seinem Vaterlande.

Matth. 15, 11 enthält:

Was zum Munde eingehet, das verunreinigt den Menschen nicht.

Nach Matth. 16, 24 sagen wir von Jemand, der ein Leid, ein Unglück zu ertragen hat:

Er trägt sein Kreuz.

Aus Matth. 17, 4: „Herr, hier ist gut sein; willt du, so wollen wir hier drei Hütten machen, dir eine, Mosi eine, und Elias eine," hat sich der Volksmund die Redensart:

Hier ist gut sein, hier laßt uns Hütten bauen

zurecht gelegt.

Die in die alltägliche Sprache übergegangene Bezeichnung:

Elfte (nicht zwölfte) Stunde,

für: „späte Zeit," beruht auf Matth. 20, 6 und 9, und:

Des Tages Last und Hitze getragen haben

ist wörtlich aus Matth. 20, 12 entnommen.

Wir gebrauchen im gewöhnlichen Leben ferner folgende Sprüche aus diesem Evangelium:

19, 6: Was (nun) Gott zusammengefügt hat, das soll der Mensch nicht scheiden;

19, 30: (Aber Viele, die da sind) die Ersten werden die Letzten, und die Letzten werden die Ersten sein.

Nach dem im 20. Kapitel entwickelten Gleichniß sprechen wir vom

Weinberge des Herrn.

20, 16: (Denn) Viele sind berufen, aber Wenige sind auserwählet;

---

*) Psalm 115, 5, 6.

22, 21: (So) gebet dem Kaiser, was des Kaisers ist, und Gotte, was Gottes ist;

23, 12: (Denn) wer sich selbst erhöhet, der wird erniedriget, und wer sich selbst erniedriget, der wird erhöhet;

23, 27: Uebertünchte Gräber;

24, 28: Wo (aber) ein Aas ist, da sammeln sich die Adler;

26, 41: Der Geist ist willig, aber das Fleisch ist schwach.

Auf dem ganzen 26. Kapitel basirt die sprichwörtliche Redensart:

Der Verräther schläft nicht;

und wenn wir in bitteren Leiden wünschen:

Dieser Kelch mag an mir vorübergehen,

so wenden wir ungenau Worte Christi an, die in demselben Kapitel, V. 39, und an den entsprechenden Stellen bei Lukas und Markus angegeben werden.

Wenn überhaupt viele der hier citirten Bibelstellen auch noch an anderen Stellen der Bibel nachgewiesen werden können, so ist es für den Zweck dieses Buches ausreichend, nur eine anzuführen, da die meisten Bibeln unter jedem Verse auch seine Parallelstellen angeben.

Aus **Markus** 1, 7 entnehmen wir, um unsre Ehrfurcht vor einem Größeren auszudrücken, die Redeweise:

nicht wert sein, Einem die Schuhriemen aufzulösen.

Der Ausdruck:

Ihre Zahl ist Legion

beruht auf Markus 5, 9, wo der unsaubere Geist auf Jesu Frage nach seinem Namen antwortete: „Legion heiße ich; denn unser ist viel.“

Der Glaube macht selig

stützt sich auf Markus 16, 16: „Wer da glaubet und getauft wird, der wird selig werden.“

Aus **Lukas** entlehnt die Sprache folgende Stellen:

1, 37: (Denn) bei Gott ist kein Ding unmöglich;

4, 23: Arzt, hilf Dir selber,

was bereits dort als sprichwörtlich angegeben wird;

9, 55: Weß Geistes Kinder;
10, 7: (Denn) ein Arbeiter ist seines Lohnes wert.

Das Gleichniß vom

barmherzigen Samariter,

welches Lukas 10, 30-37 erzählt wird, schließt Jesus mit den Worten:

(So) gehe hin und thue desgleichen,

Wenn wir im gemeinen Leben, um eine zwischen zwei Verfahrungsarten getroffene Wahl zu rechtfertigen, sagen, daß wir

das bessere Theil erwählt haben,

so gestalten wir damit den in Lukas 10, 42 enthaltenen Ausdruck um:

Maria hat das gute Theil erwählet.

Nun hat die liebe Seele Ruh'

beruht auf Lukas 12, 19: „Liebe Seele ..., habe nun Ruhe."

Aus Lukas 16, 19 ist:

Herrlich und in Freuden leben;

und aus Lukas 16, 20:

Arm wie Lazarus

entnommen. Bekanntlich ist der Name Lazarus auch in den Benennungen „Lazareth" (Haus für Arme) und „Lazzaroni" (arme Teufel) verewigt.

Das jüdische Wort „Moos" für „Geld" hat sich in der Zusammenstellung

Moos haben

über ganz Deutschland verbreitet. Es ist scherzhaft zu

Moses und die Propheten haben

erweitert worden, mit Anlehnung an Lukas 16, 29: „Sie haben Mosen und die Propheten," und ohne irgend welche Rücksicht auf den Zusammenhang dieser Stelle.

Volkstümlich pflegt man einen Menschen, den man bei allen öffentlichen Lustbarkeiten findet:

Zachäus auf allen Kirchweihen

zu nennen, weil der kleine Zachäus, der aus Neugierde auf einen Baum steigt, im Evangelium des Tages der Kirchweihung, Lukas 19, 1-10, vorkommt, also regelmäßig am Kirchweihtage genannt wird.

Das Scherflein der Wittwe

ist aus der Ueberschrift des 21. Kapitels, und erklärt sich aus Vers 1-4 daselbst.

Der Vers Lukas 22, 48: „Juda, verräthest du des Menschen Sohn mit einem Kuß?" hat uns das Wort

Judaskuß

für „verrätherischen Kuß" geliefert; überhaupt nennen wir einen verrätherischen, falschen Menschen einen

Judas. —

Denn so man das thut am grünen Holz, was will am dürren werden?

wird in mancher, dem jedesmaligen Sinne der Rede angemessenen Umgestaltung aus Lukas 23, 31 citirt.

Das daselbst 23, 16 enthaltene:

Züchtigen und loslassen

ist ein den Handwerkern gewöhnlicher Ausdruck geworden. Der Küfer sagt, er könne züchtigen und loslassen, d. h. zum Weine Wasser zusetzen oder nicht; der Schuhmacher, wenn er lederne Schuhe mit Riemen gemacht hat, er könne sie züchtigen und loslassen, d. h. zubinden und aufbinden; u. s. w.

In lateinischer Form wird:

Pater peccavi,

d. i. „Vater, ich habe gesündiget," im gewöhnlichen Leben als Schuldbekenntniß aus Lukas 15, 21 angewendet.

Was kann von Nazareth Gutes kommen?

steht **Johannis** 1, 46, und:

Was Du thust, das thue bald,

Johannis 13, 27.

Die Worte des Pilatus, Joh. 19, 5: „Sehet, welch' ein Mensch!" sind in ihrer lateinischen Form:

Ecce homo!

ein ganz gewöhnliches Substantivum geworden, womit man in der Kunst die Darstellung eines leidenden Christus mit der Dornenkrone bezeichnet.

Die Worte, aus Joh. 20, 17, des auferstandenen Jesu, zu Maria:

Noli me tangere

Rühre mich nicht an

kommen in ihrer lateinischen Form zu häufiger Anwendung, und der Ausdruck:

Ungläubiger Thomas

hat sich aus dem Evangelium Johannis 20, 24-29 entwickelt.

Die Bezeichnung

Juden und Judengenossen

ist enthalten in **Apostelgeschichte** 2, 11; das berühmte:

Non possumus

Wir können nicht

in 4, 20; aus 9, 5 daselbst ist uns ein bei Griechen und Römern bekanntes Sprichwort:

Wider den Stachel löcken

geläufig geworden. — „Löcken" ist so viel als „mit den Beinen ausschlagen," und das dem Ausdruck zu Grunde liegende Bild ist das eines vor den Pflug gespannten Rindes, welches gegen den Stachelstock des Treibers eigensinnig mit den Beinen ausschlägt.

Aus einem Saulus ein Paulus werden,

oder:

Seinen Tag von Damaskus erleben,

erläutert sich hinlänglich aus dem Anfang des 9. Kapitels, wie auch

Wie Schuppen von den Augen fallen

der Bekehrung des Saulus, 9, 18, entlehnt ist. Der Ausdruck:

Ohne Ansehen der Person

kommt an sehr vielen Stellen im alten wie im neuen Testament vor; unserer Pflicht hier zu genügen, weisen wir eine derselben in Apostelgeschichte 10, 34 nach.

Nach dem im 8. Kapitel der Apostelgeschichte 9-24 genannten Zauberer Simon, der die Gabe der Mittheilung des Geistes durch Händeauflegen von den Aposteln für Geld erhandeln zu können glaubte, ist ein sträflicher Schacher mit geistlichen Aemtern als

Simonie

bezeichnet worden.

Ebenfalls in der Apostelgeschichte 20, 35 steht der berühmte Spruch:

Geben ist seliger denn Nehmen. *) [44])

Der **Römerbrief** enthält die Worte:

12, 11: Schicket Euch in die Zeit;

12, 20: Feurige Kohlen auf's Haupt sammeln,

was so viel heißt, als „durch Wohlthaten gegen Unthaten auf dem Gesichte Röthe der Beschämung hervorrufen," und

13, 7: Ehre, dem die Ehre gebühret.

Der **erste Korintherbrief** bietet:

7, 38: — welcher verheirathet, der thut wohl; welcher aber nicht verheirathet, der thut besser;

und 13, 9:

— unser Wissen ist Stückwerk;

der **zweite**:

3, 6: — der Buchstabe tödtet, aber der Geist macht lebendig;

9, 7: — einen fröhlichen Geber hat Gott lieb,

und 12, 7:

— ein Pfahl in's (nicht: „im") Fleisch. —

Wie ein Dieb in der Nacht kommen

steht I **Thessalonicher** 5, 2 (und 2. Petri 3, 10).

---

*) Nach Plutarch's „Sprüchen von Königen und Feldherren" hatte Artaxerxes gesagt: „Geben ist königlicher denn Nehmen."

Der volkstümliche Spruch:

Prüfet Alles und das Beste behaltet [45])

lautet an seiner Stelle, I Thessalonicher 5, 21:

Prüfet aber Alles und das Gute behaltet.

Der **zweite** Brief an die Thessalonicher enthält in 3, 10:

So Jemand nicht will arbeiten, der soll auch nicht essen.

Im Briefe an **Titus** 1, 15 schreibt Paulus:

Den Reinen ist Alles rein.

Im Briefe **I Petri** 5, 8 wird der Teufel erwähnt:

er gehet umher wie ein brüllender Löwe, (und suchet, welchen er verschlinge.)

Zu allgemeiner Anwendung ist auch gekommen aus **Ebräer** 12, 6:

Welchen der Herr lieb hat, den züchtiget er.

Endlich liefert die **Offenbarung Johannis** drei Ausdrücke zu dem allgemeinen Sprachschatz:

Das A und das O,

als Bezeichnung einer Sache in ihrer ungeschmälerten Gesammtheit nach 1, 8: „Ich bin das A und das O," eine Redeweise, die sich daraus erklärt, daß A (Alpha) der erste und O (Omega) der letzte Buchstabe des griechischen Alphabets ist; nach Offenbarung Johannis 3, 11: „Halt, was du hast:"

Behalte, was Du hast, [46])

und aus 5, 1-5 den Ausdruck:

Ein Buch mit sieben Siegeln,

für „Ein schwer verständliches Buch," sowie überhaupt für alles schwer Verständliche.

Der ganz biblisch aussehende Ausdruck:

Schlaf des Gerechten,

der auch in anderen Sprachen ebenso sprichwörtlich ist, und

französisch: „le sommeil de juste,“ englisch: „the sleep of the righteous,“ italienisch: „il sonno del giusto“ lautet, kommt in der Bibel nicht vor. Und hiermit abgemacht,

Sela.

Dieses oft in den Psalmen vorkommende Wort deutete ein Finale, einen Ruhepunkt im musikalischen Vortrage derselben an.

VIII.

Historische Citate.

Bisher hatten wir es, abgesehen von den biblischen Citaten, mit dem niedergeschriebenen Schriftstellerwort zu thun, das immer niedergeschrieben wird mit der verstohlenen Absicht auf Unsterblichkeit, zu der sich ein jeder Schriftsteller wie ein verschämter, mancher auch wie ein unverschämter Liebhaber verhält. Das blos gesprochene Wort tritt, wenn überhaupt mit einer Forderung, mit der anspruchsloseren, gehört und beherzigt zu werden, kurz mit der zu wirken auf, ohne alles Liebäugeln mit dem Nachruhm.

Mit dieser bloßen Absicht des Wirkens zeigen sich nun auf nicht literarischem Gebiete neben den gesprochenen Worten auch geschriebene, in offiziellen Aktenstücken enthaltene, deren wir ebenfalls in diesem Abschnitte mehrerer zu gedenken haben werden.

Es ist billig, daß wir hier zuerst der wenigen Worte gedenken die aus der Fülle geistreicher Aeußerungen hervorragender Griechen sich im allgemeinen Gebrauch bis heute erhalten, wie das in vielfachen Umgestaltungen citirte, von Plutarch im „Themistokles," Kap. 2, aufbewahrte Wort des **Themistokles**:

Der Sieg des Miltiades (bei Marathon) läßt mich nicht schlafen.

Der Cyniker **Diogenes**, so erzählt uns Diogenes Laertius in „Leben und Meinungen berühmter Philosophen," Buch 6, 2, 50 (Cobet'sche Ausgabe) zündete sich am Tage eine Laterne an, ging umher und sagte: „Ich suche einen Menschen." Wenn auch der Fabeldichter Phaedrus in Bch. 3, 19 dasselbe Wort dem Aesop beilegt, so ist der

Diogeneslaterne

doch ihr Recht verblieben. Auch das choragische Monument des Lysikrates zu Athen und der Thurm Saint-Jacques in Paris pflegen so bezeichnet zu werden.

Alexander's des Großen Ausspruch:

Wenn ich nicht Alexander wäre, möchte ich wohl Diogenes sein

lesen wir bei Diogenes Laertius 6, 2. Plutarch führt ihn an vielen Stellen z. B. „Ueber das Glück Alexander's des Großen" stets in der Form an: „Wenn ich nicht Alexander wäre, so würde ich wohl Diogenes sein."

Endlich haben wir das bekannte:

εὕρηκα (sprich heúrēka)
ich hab's gefunden

zu verzeichnen, das **Archimedes** ausrief, als er bei der Untersuchung des Goldgehalts einer für König Hiero von Syrakus angefertigten Krone das Gesetz des spezifischen Gewichts entdeckte, und die beiden andern Aussprüche desselben:

Δός μοι ποῦ στῶ καὶ γῆν κινήσω;

Gieb mir einen Punkt (außerhalb der Erde) wo ich stehen kann, so will ich sie bewegen;

und, was nur lateinisch citirt wird,

Noli turbare circulos meos,
Störe meine Kreise nicht,

womit er den auf ihn eindringenden Feind, der ihn in mathematischen Betrachtungen störte, zurückwies. *)

Von den lateinischen Worten, die in diesem Theile zu erwähnen sind, nennen wir zuerst eins, mit welchem die deutsche Sprache eine Lücke ihres Wortschatzes ausfüllt. Es fehlt ihr nämlich an einem Ausdrucke, um die Ansicht eines Menschen, daß Etwas nothwendigerweise geschehen müsse, mit Einem

---

*) Eine Quelle für dies Wort weiß ich nicht. Es ist nicht so leicht, wie Mancher glaubt, solche Quellen aufzufinden. Lübker's „Reallexikon" giebt bei diesem Worte drei Stellen an, wo es nicht steht.

Schlage auszudrücken, und im Bewußtsein ihrer Armut entlehnt sie dafür das jedem Zeitungsleser geläufige

Ceterum censeo,

Uebrigens ist meine Meinung,

eine Verkürzung des Ausspruches:

Ceterum censeo, Carthaginem esse delendam,

Uebrigens ist meine Meinung, daß Carthago zerstört werden müßte,

den **der ältere Cato** mit Bezug auf den dritten (nicht zweiten) Punischen Krieg gethan haben soll. Man sollte meinen, ohne Schwierigkeit und im Nu müßte sich die lateinische Belegstelle herbeischaffen lassen. Und doch existirt eine solche Stelle nicht einmal. Auch wird in englischen und französischen Schriftstellern in obigem Sinne nie von einem Ceterum censeo, sondern nur von einer Carthago delenda gesprochen, wie z. B. auch in dem „Dictionary of Latin Quotations" von Riley, S. 77; der berühmte Lexikograph Forcellini hat den Ausspruch nicht; die Belege, welche die Herausgeber Plutarch's zu der Stelle im „Cato maior," 27:

δοκεῖ δέ μοι καὶ Καρχηδόνα μὴ εἶναι,

und ferner meine ich, daß Carthago nicht bestehen dürfe,

anführen, ja wohl sogar mit Hinzufügung der bei uns hergebrachten lateinischen Formel, weisen diese Stelle selbst nicht nach. — So ist sie also nichts weiter als die lateinische Uebersetzung der angeführten Stelle aus Plutarch. Es bleibt aber noch immer die Frage zu lösen, wie es kommt, daß diese für unsere Sprache, wie es scheint, unabänderlich gewordene Form der Uebersetzung sich für uns mit dem ganzen Nimbus klassischer Echtheit umgiebt.

Ein anderes Wort Cato's:

Ein Haruspex muß das Lachen bezwingen, wenn er den andern sieht,

oder im engeren Anschluß an den lateinischen Text: „Es ist wunderbar, daß ein Haruspex*) nicht lacht, wenn er einen

*) Ein Priester, der den Willen der Götter aus den Eingeweiden der Opferthiere herauslas.

Haruspex sieht," hat uns Cicero in seiner Schrift de divinatione" 2, 24 und in der andern: „Ueber die Natur der Götter," 1, 26 aufbewahrt. Fälschlich wird statt Haruspex oft Augur citirt.

Auch das Wort des **Aemilius Paulus** Macedonikus, der, als er seine verständige, reiche und junge Frau verstieß, den ihn deswegen tadelnden Freunden seinen Schuh zeigte und sagte: „Auch dieser ist schön anzusehen und neu, aber

Niemand weiß, wo der Schuh mich drückt,"

ist aus Plutarch's „Eheregeln" bis zu uns gekommen.

Von Aussprüchen **Cäsar**'s hat uns Plutarch im „Leben" desselben, Kap. 11, das Wort aufbewahrt, welches er beim Anblick eines elenden Alpenstädtchens seinen Begleitern zurief:

(Ich möchte) lieber der Erste hier, als der Zweite in Rom (sein.)

Der berühmte Ausspruch:

Alea iacta est,

oder: Iacta alea est, wie er nach Sueton's „Cäsar," K. 32, citirt werden müßte, ist von Cäsar, bevor er den Rubikon überschritt, nicht in dieser Form, sondern griechisch:

ἀνερρίφθω ὁ κύβος
es falle der Würfel

gethan worden, wie Plutarch im „Pompeius," K. 60, ausdrücklich hervorhebt. Doch war dieser Ausdruck schon lange vorher sprichwörtlich, wie aus Plutarch, „Cäsar," K. 32, zu ersehen ist.

Ein anderer Ausspruch Cäsar's:

Veni, vidi, vici,
ich kam, ich sah, ich siegte

mit dem er seinen bei Zela schnell errungenen Sieg brieflich seinem Freunde Amintius in Rom anzeigte, wird von Sueton, „Julius Cäsar," K. 10, zwar nur als Inschrift auf einer in seinem Pontischen Triumphzuge einhergetragenen Tafel erwähnt; daß er jedoch auch wirklich so gelautet hat, ist in Plutarch's „Aussprüchen von Königen und Feldherren" zu lesen und läßt sich überdies aus Plutarch, „Cäsar," K. 50, entnehmen.

Es wird bestritten, daß Julius Cäsar bei seiner Ermordung mit den Worten:

Auch Du, mein Brutus!

zu Boden gesunken sei, mit denen auch Shakespeare, Akt 3, Sc. 1, ihn sterben läßt. Sueton erzählt, „Julius Cäsar," K. 82, daß er bei der ersten Wunde ein einziges Mal aufgeseufzt, aber kein Wort geäußert habe. Freilich fügt er hinzu, daß Einige erzählen, er habe dem auf ihn einstürzenden Brutus auf griechisch zugerufen: „Auch Du gehörst zu Jenen? auch Du, mein Sohn?" Auch Dio Cassius, B. 44, K. 19, läßt ihn mit den Worten: „Auch Du, mein Sohn?" niedersinken.

Sueton theilt uns auch in dem „Leben des Titus," K. 8, das, wie er sagt, „merkenswerte und mit Recht gelobte" Wort mit, welches der Kaiser **Titus** einst bei der Tafel ausrief, als es ihm einfiel, daß er an jenem Tage noch Keinem etwas Gutes gethan habe, und von welchem Spiegelberg in den „Räubern," Akt 2, Sc. 3, Gebrauch macht:

(Amici,) *diem perdidi.*

(Freunde,) ich habe einen Tag verloren.

Sueton im „Leben des Vespasian", K. 23, theilt uns die Entstehung eines in verschiedenen Fassungen, z. B. in der Form:

Geld stinkt nicht,

bekannten Ausspruchs des **Vespasian** mit. Als ihn sein Sohn Titus wegen einer auf den Harn gelegten Steuer getadelt hatte, hielt er ihm das erste aus dieser Steuer eingekommene Geld vor die Nase und fragte ihn, ob es röche. Und als dieser die Frage verneinte, sagte er: „Und dennoch ist es aus Harn." Daraus erklärt sich, daß in Paris Anstalten zur Befriedigung gewisser Bedürfnisse Vespasiennes genannt werden. Auf Vespasian's Wort bezieht sich das des Juvenal, 14, 204:

Lucri bonus est odor ex re qualibet.

Gut ist der Geruch des Gewinns, woher letzterer auch stamme.

Zu den lateinischen Worten, die in nachrömischer Zeit gesagt worden sind, gehört der Ausspruch:

O sancta simplicitas!

O heilige Einfalt!

den **Huß** auf dem Scheiterhaufen gethan haben soll, als er sah, wie ein Bäuerlein in blindem Glaubenseifer sein Stück Holz zu den Flammen herbeitrug.

Als **Axel Oxenstjerna** es bewirkt hatte, daß sein Sohn Johann zum Chef der schwedischen Gesandtschaft auf dem Friedenskongreß ernannt wurde, und der Sohn aufrichtig gestand, daß er sich diesem wichtigen Posten nicht gewachsen fühle, beschwichtigte ihn (nach Lundblad, Schwedischer Plutarch) sein Vater mit den Worten:

An nescis, mi fili, quantilla prudentia regatur orbis?

Weißt Du nicht, mein Sohn, mit wie geringem Verstande die Welt regiert wird?

Wir schließen hier bekannte Jesuitenworte deswegen an, weil sie meist lateinisch gesagt worden sind, wie ihr Wahlspruch:

In maiorem Dei gloriam,

Zum größeren Ruhme Gottes,

und das gegen sie gerichtete Wortspiel:

Si cum Iesuitis, non cum Iesu itis.

Wenn Ihr mit den Jesuiten geht, geht Ihr nicht mit Jesu.

Daß je ein Jesuit einen Theil der jesuitischen Lehrmeinungen zu dem Satze:

Der Zweck heiligt die Mittel

formulirt habe, hat nie nachgewiesen werden können; wahrscheinlich ist dies daher von einem ihrer Gegner geschehen, der übrigens leichtes Spiel hatte. Denn die in dem 9. Briefe Pascal's aus „Filiutius" (Tr. 25; c. 11; n. 331) citirte Stelle: „C'est l'intention qui règle la qualité de l'action," zu Deutsch: „Die Absicht entscheidet über die Beschaffenheit der That," ist nur im Ausdruck von unserem Satze verschieden. Wer aber dennoch hier eine große Verschiedenheit auszuwittern vermöchte, der möge Pascal's 7. Brief nachlesen, der von dem Hauptprinzip der Jesuiten, „der Leitung der Absicht," handelt. „Unsere Methode," sagt daselbst ein Jesuit, „die Absicht zu leiten besteht darin, daß sie sich als Ziel ihrer Handlung einen erlaubten Zweck setzt. Nicht als ob wir nicht nach besten Kräften die Menschen von den verbotenen Dingen zurückhielten; aber wenn wir die That nicht hindern können, so reinigen wir wenigstens die Absicht, und so verbessern wir die Lasterhaftigkeit des Mittels durch die Reinheit des Zwecks," wonach der Zweck das Mittel, wenn nicht gerade heiligt, doch verbessert.

Endlich ist jenes Wort zu allgemeiner Anwendung gekommen, womit der Jesuitengeneral **Lorenz Ricci** kurz vor der Auflösung des Ordens durch den Papst Clemens XIV (Ganganelli) 1773 jede Abänderung der Ordensverfassung verweigerte:

Sint, ut sunt, aut non sint.

Sie sollen sein, wie sie sind, oder sie sollen nicht sein.

Das bekannte:

Non possumus

Wir können nicht

erwiderte mit Anwendung des Wortes aus „Apostelgeschichte 4, 20" der Papst **Clemens VII.** auf des Königs von England, Heinrich's VIII., Drohung, im Falle daß seine Scheidung von Katharina vom Papste verweigert würde, mit seinen Ländern abzufallen. Seitdem wird jede Weigerung des päpstlichen Stuhls, sich in Transaktionen einzulassen, mit „non possumus" bezeichnet, und es ist daher natürlich, daß das Wort in der neuesten Geschichte oft gebraucht wurde, namentlich seitdem in einer Unterredung vom 12. Januar 1862 des französischen Gesandten Marquis von Lavalette mit dem Kardinal Antonelli der Letztere im Namen des Papstes jede Verständigung mit Italien als wider die Pflichten des Papstes streitend zurückwies.

Wir verweilen zuvörderst noch auf dem klassischen Boden Italiens, um zu erwähnen, daß es ebenso unerwiesen ist, daß **Correggio** vor einem Bilde Raphael's ausgerufen habe:

Anch' io son pittore!

Auch ich bin ein Maler!

als es eine Erfindung ist, daß **Galilei** die Abschwörung seiner Lehren mit dem Worte:

Eppur si muove!

Und doch bewegt sie (die Erde) sich.

begleitet habe.

Wahrscheinlich ist auch

Tempi passati!

Diese Zeiten sind hin!

ein historisches Wort **Joseph's II.**, wie wir aus Johann Arnold Kanne's „Comoedia humana“ oder „Blepsidemus' Hochzeit und Kindertaufe“ (Baireuth, 1811) schließen dürfen, wo es heißt: „Er kann, wie Kaiser Joseph in Rom sagen: Tempi passati!“ Aber wann und bei welcher Gelegenheit hat er es gesagt?

Das berühmte:

l'Italia farà da se,

Italien wird ganz allein fertig werden,

gewöhnlich als Devise des italienischen Freiheitskampfes von 1849 dargestellt, wurde nach Reuchlin, „Geschichte Italiens,“ II, 1, S. 155, vom damaligen Minister des Auswärtigen in Piemont, **Pareto**, vielmehr „den Interventionsgelüsten der französischen Radikalen in's Gesicht geschleudert.“ Von Treitschke nennt es dagegen in seinem Aufsatz: „Bundesstaat und Einheitsstaat“ den Wahlspruch **Cesare Balbo**'s.

Das

Ei des Columbus

gehört auch italienischem Boden an und sollte eigentlich „Ei des Brunelleschi“ heißen. Als dieser berühmte Baumeister, der 1444 starb, bei einer Versammlung von Architekten aus allen Ländern, welche 1421 zu einer Berathung nach Florenz berufen waren, wie man den unvollendeten Bau des Domes Santa Maria del fiore mit einer Kuppel abschließen könnte, seinen kühnen Plan entwickelte, wurde er bitter verhöhnt, und nun nahm er, in gerechtem Zorne, erst dann wieder an den Berathungen Theil, nachdem an ihn eine ehrenvolle Einladung ergangen war. „Die anderen Baumeister," so erzählt Vasari in seinen 1550 erschienenen „Künstlerbiographieen," „hätten gern gesehen, daß er seine Meinung eingehend entwickelt und sein Modell gezeigt hätte, wie sie die ihrigen. Das wollte er nicht; aber er machte den inländischen und ausländischen Meistern den Vorschlag, daß Derjenige, welcher ein Ei der Länge nach fest auf eine Marmorplatte stellen könnte, die Kuppel bauen solle, da sich hierin ihr Talent zeigen würde. Nachdem man also ein Ei genommen hatte, versuchten sich alle diese Baumeister, es aufrecht stehen zu lassen; aber Keinem gelang es. Als man nun den Filippo (das war Brunelleschi's Vorname) das Ei aufrecht hinzustellen aufforderte, nahm er es mit Grazie, stieß es mit dem schmalen Ende auf die Marmorplatte und brachte es so zum Stehen. Als die Künstler riefen, daß sie es so auch hätten machen können, antwortete ihnen Filippo lachend, sie würden es auch verstanden haben, die Kuppel zu wölben, wenn sie sein Modell oder seine Zeichnung gesehen hätten. Und so wurde beschlossen, daß er beauftragt werden sollte, den Bau zu leiten." Auf Brunelleschi paßt dieses Beispiel vom Ei um so mehr, als die von ihm vollendete Kuppel in der That die Form eines an der Spitze eingedrückten Eies hat. Was ist Fachruhm? Brunelleschi ist rühmlichst, aber doch nur Fachleuten bekannt, und das Beispiel vom Ei, welches ihn hätte in aller Leute Mund bringen können, ist zuerst vom italienischen Historiker Benzoni in einem 1571, also 21 Jahre nach Vasari's „Künstlerbiographieen" erschienenen Werke auf Columbus übertragen, den man in jeder Dorfschule kennt, und der zu seiner Volksmäßigkeit dieses Eies wahrlich nicht bedurfte. Benzoni räumt übrigens ein, daß er den Vorgang mit dem Ei des Columbus, der sich nach der ersten Reise desselben auf einem ihm zu Ehren gegebenen Gastmahl des Kardinals Mendoza (also im Jahre 1493) zugetragen haben soll, nur durch Hörensagen weiß. Brunelleschi hatte das Beispiel mit dem Ei bereits im ersten Viertel desselben Jahrhunderts vorweg genommen. Der Einwand, daß ein Wort, welches Columbus 1493 sagte, immerhin bereits von Vasari 1550 auf Brunelleschi übertragen sein könne, widerlegt sich dadurch, daß auf dem Gebiete der geflügelten Worte nie vom Berühmteren auf den Unberühmteren übertragen wird.

Von englischen Worten sind nur wenige Worte Allgemeingut geworden. Aber unter den wilden Schaaren **Wat Tyler**'s unter der Regierung Richard des Zweiten entstanden jene beiden Verse, die nach Hume (Geschichte England's, Kap. 17, Note i.) damals im Munde aller gemeinen Leute waren:

Als Adam grub und Eva spann,
Wo war da der Edelmann?
When Adam delv'd and Eve span,
Where was then the gentleman?

Und wer kennt nicht **Nelson**'s Tagesbefehl in der Schlacht bei Trafalgar am 21. Oktober 1805:

England expects this day that every man shall do his duty.

England erwartet heute, daß Jedermann seine Pflicht thue.

Auch jenes zur Ehre der Menschen gewiß unwahre Wort **Sir Robert Walpole**'s:

Jeder Mensch hat seinen Preis,

ist weit und breit bekannt. Wer kennt ferner nicht das Wort:

Grog?

Es war auf der englischen Flotte Sitte gewesen, den Mannschaften ihre Portion Rum ungemischt zu liefern, was natürlich manchen dienstwidrigen Rausch hervorbrachte und somit die Mannszucht störte. Deswegen verfügte im Jahre 1740 der Admiral **Vernon**, daß künftighin der Rum mit Wasser vermischt, verabfolgt werden solle. Schon früher hatte der Admiral, der gewöhnlich einen Rock von kameelhärenem Zeug (grogram) trug, von seinen Leuten deshalb den Beinamen Old Grog erhalten. Der Name Grog ging nun bei denselben auch auf das von ihm erfundene Getränk über.

Wir gehen jetzt zu Frankreich über, wo wir zuerst den historisch gewordenen Beinamen des heldenmütigen Bayard, welcher der

Chevalier sans peur et sans reproche

Ritter ohne Furcht und Tadel

genannt wurde, erwähnen müssen.

Den König von Frankreich **Franz I.** lassen die meisten historischen Darstellungen nach seiner Besiegung und Gefangennahme in der Schlacht bei Pavia mit einem Briefe an seine Mutter auftreten, dessen Kürze sie gewöhnlich ausdrücklich hervorheben.

Tout est perdu, fors l'honneur,

Alles ist verloren, nur die Ehre nicht,

soll Alles gewesen sein, was in diesem Muster von Lakonismus gestanden habe. Jedoch ist dieser Brief, der von Dulaure aufgefunden wurde, und der in dessen „Geschichte von Paris," 1837, Bd. 3, S. 209, und auch anderswo abgedruckt ist, viel länger, und das Wort lautet nicht ganz so ritterlich. Der Brief beginnt:

„Madam! Sie zu benachrichtigen, welches der Ausgang meines Unglücks ist, so ist mir von allen Dingen nur die Ehre und das gerettete Leben geblieben (de toutes choses ne m'est demouré que l'honneur et la vie qui est sauve), und weil diese Nachricht Ihnen in unserem Mißgeschick einigen Trost bereiten wird, habe ich gebeten, daß man mich diesen Brief schreiben lasse, was man mir gefällig bewilligt hat." u. s. w.

Ein anderer König von Frankreich, **Heinrich IV.**, der

gute Heinrich, wie er noch heute im Volke heißt, soll ein anderes sehr bekanntes Wort, das freilich bisher durch keinen Schriftsteller und durch kein Schriftstück hat aktenmäßig belegt werden können, häufig im Munde geführt haben:

Je veux que le dimanche chaque paysan ait sa poule au pot.

Ich wünsche, daß Sonntags jeder Bauer sein Huhn im Topfe hat.

Das Wort:

Toujours perdrix

Immer Rebhuhn

in der Bedeutung, daß man auch des Besten, wenn es sich zu häufig wiederholt, überdrüßig werden kann, wird auch mit Heinrich IV. in Verbindung gesetzt. Als ihn nämlich sein Beichtvater wegen seiner vielen Liebschaften getadelt hatte, ließ er demselben Tage lang hintereinander Rebhühner auftragen, bis dieser sich beschwerte, daß er toujours perdrix essen müsse. Der König erwiderte, daß er ihm die Nothwendigkeit der Abwechselung habe einleuchtend machen wollen.

Auch das berühmte Wort **Ludwig's XIV.**:

L'état c'est moi,

Der Staat bin Ich,

das er gewiß gesagt haben könnte, ist durchaus unverbürgt, jedenfalls aber nicht im April 1655 vor dem Parlamente gesagt worden, wie gewöhnlich erzählt wird. Chéruel, „Administration monarchique en France," B. II, S. 32—34, sagt darüber: „Hierher versetzt man, nach einer verdächtigen Tradition, die Erzählung von der Erscheinung Louis' XIV. im Parlament, im Jagdrock, eine Peitsche in der Hand, und hierhin verlegt man die berüchtigte Antwort auf die Bemerkungen des ersten Präsidenten, der das Interesse des Staates hervorhob: ‘Ich bin der Staat.’ Statt dieser dramatischen Scene zeigen uns die zuverlässigsten Dokumente den König, wie er allerdings dem Parlament Schweigen gebietet, aber ohne einen unverschämten Hochmut zur Schau zu tragen."

Ein handschriftliches Journal, das Chéruel erwähnt, schließt die Erzählung der Scene im Parlament also: „Nachdem Seine Majestät sich schnell erhoben hatten, ohne daß irgend Jemand in der Versammlung ein einziges Wort gesagt, kehrten Sie nach dem Louvre und von da nach dem Walde von Vincennes zurück, woher Sie am Morgen gekommen waren und wo Sie vom Herrn Kardinal erwartet wurden." Hierzu fügt Edouard Fournier, dessen geistvolles Buch „l'Esprit dans l'histoire" ich für einen Theil der hier mitgetheilten französischen historischen Worte benutzt habe, S. 271 der dritten Auflage, die verständige Bemerkung: „Also Mazarin erwartet den König, um von ihm zu erfahren, wie Alles abgelaufen ist, und namentlich um zu hören, wie der junge Fürst seine, gewiß vom Kardinal selbst angefertigte Lektion aufgesagt hat; und in diese vom Kardinal eingegebene Lektion, von der der Schüler nicht mit einem Worte abweichen durfte, sollte sich eine für die Macht des alten Ministers wenigstens ebenso beunruhigende, wie für das Ansehen des Parlaments drohende Phrase, wie 'Ich bin der Staat,' plötzlich eingeschlichen haben? Das ist unmöglich. Der Staat war noch nicht Ludwig XIV.; er war noch immer Mazarin."

Das Wort:

Für einen Kammerdiener giebt es keinen Helden

wird von Fräulein Aïssé in ihren von J. Ravenel, 1853 bei E. Dentu in Paris herausgegeben Briefen, S. 161, auf Madame **Cornuel**, eine geistreiche, zum Kreise der sogenannten Precieusen des 17. Jahrhunderts gehörende Dame, zurückgeführt. Es macht jedoch zu einer der unsrigen parallelen Stelle in Montaigne's „Essais," III, 2, welche lautet: „Mancher ist ein Wundermann gewesen, an dem seine Frau und seine Dienstboten nicht einmal etwas Bemerkenswertes gesehen haben. Wenige Menschen sind von ihren Bedienten bewundert worden," Coste, einer der Herausgeber Montaigne's, diese Anmerkung: „Man muß in hohem Grade Held sein, sagte der **Marschall von Catinat**, um es in den Augen seines Kammerdieners zu sein" (il faut être bien héros pour l'être aux yeux de son valet de chambre). — Es scheint nun erstens die kürzere Form, nach dem gewöhnlichen Vorgange der Behandlung geflügelter Worte durch das Publikum, die von der längeren erst abgeleitete zu sein; zweitens aber ist es viel natürlicher, daß jener Ausspruch über einen Helden von einem Helden ausging, als von einer Dame, noch dazu von einem Helden, den die eigenen Soldaten „Vater Gedanke" (le père la Pensée) nannten.

Ob Catinat aber nicht gewußt haben sollte, daß auch er eigentlich nur Altes modernisirt? Denn nach Plutarch's „Aussprüche von Königen und Feldherrn" und „Ueber Isis und Osiris", 24, sagte Antigonus, als Hermodotos ihn in einem Gedichte als Sohn der Sonne und Gott anredete: „Davon weiß mein Kammerdiener nichts."

Den Ausdruck:

Tant de bruit pour une omelette,
So viel Lärm um einen Eierkuchen,

führen französische Schriftsteller allgemein auf den ungläubigen Dichter **Desbarreaux** zur Zeit Ludwig's XIV. zurück. Dieser bestellte während eines Ungewitters an einem Freitage, also einem Fasttage, im Wirthshause einen Eierkuchen mit Speck. Als der fromme Wirth diesen widerstrebend auftrug, erfolgte ein heftiger Donnerschlag, so daß der Wirth vor Entsetzen in die Knie sank. Da ergriff Desbarreaux seinen Eierkuchen und warf ihn zur Beruhigung des Mannes aus dem Fenster.

Der Zeit Ludwig XIV. gehört auch ein bekanntes Wort des strengen und wachsamen Polizeiministers **d'Argenson** an. Er hatte den berüchtigten Pamphletschreiber Desfontaines vor sich laden lassen, um ihm einen Verweis wegen des Mißbrauchs seiner Feder zu ertheilen. Als Desfontaines sich folgendermaßen entschuldigte: „Mais, Monseigneur, il faut bien que je vive," (Aber ich muß doch leben, Excellenz,) antwortete d'Argenson:

Je n'en vois pas la nécessité.

Ich sehe nicht ein, daß das nöthig ist.

Dem Marschall **Villars** wird von Friswell, „Familiar words," S. 132, ein an Ludwig XIV. gerichtetes Wort zugeschrieben, das im Deutschen in der Form:

Gott beschütze mich vor meinen Freunden; mit meinen Feinden will ich schon selbst fertig werden,

populär ist. Voltaire hätte sich dieses Wortes Villars' für sein „Siècle de Louis XIV." gewiß nicht entgehen lassen; er theilt uns aber im 17. Kapitel des ersten Buches nur folgendes Wort des Marschalls mit: „Sire, ich gehe, um die Feinde Ihrer Majestät zu bekämpfen, und ich lasse Sie mitten unter den meinigen."

Als unter Ludwig XV. der achtzigjährige **Soanen**, Bischof von Senez, wegen seiner Hinneigung zu jansenistischen Grundsätzen seiner bischöflichen und priesterlichen Würden beraubt und verwiesen wurde, rief er die Worte aus:

Le silence du peuple est la leçon des rois!

Das Schweigen des Volkes ist eine Lehre für die Könige!

Das gewöhnlich Ludwig XV. zugeschriebene:

Après nous le déluge!

Nach uns die Sündflut!

d. h. „wir leben frech, flott, frivol darauf los; nach uns geschehe, was da will!" soll nach dem „Essai sur la marquise de Pompadour" in den Memoiren der Frau du Hausset (1824, S. XIX) **Frau von Pompadour** gesagt haben.

Es ist jedoch ein nur modernisirtes uraltes Wort eines dem Namen nach unbekannten griechischen Dichters, das von Cicero („de finibus," 3, 19, 64), von Seneca (de clementia," 2, 2, 2), von Stobäus („Ekl." 2, 6, 7) citirt wird. Sueton („Nero," K. 38) theilt uns mit, daß als es einst in Nero's Gegenwart in seiner griechischen Form:

ἐμοῦ θάνοντος, γαῖα μιχθήτω πυρί

Nach meinem Tode möge die Erde in Flammen aufgehen

angeführt wurde, der Kaiser auf griechisch hinzufügte: „Vielmehr schon, während ich lebe," worauf er Rom in Brand steckte.

Chamfort in seinen Caractères et Anecdotes giebt unbestimmt einen geistreichen Mann als den Erfinder des viel travestirten Wortes an:

> *La France est une monarchie absolue, tempérée par des chansons.*
>
> Frankreich ist eine absolute, durch muntere Lieder gemäßigte Monarchie.

Barère erzählt in seinen Mémoires, Th. 4, unter „Talleyrand," daß dieser Staatsmann im Jahre 1807 in einer diplomatischen Unterredung mit dem spanischen Gesandten Izquierdo, der ihn an seine zu Gunsten Karls des Vierten von Spanien gemachten Versprechungen erinnerte, gesagt habe:

> *La parole a été donnée à l'homme pour déguiser sa pensée,*
>
> Die Sprache ist dem Menschen gegeben, um seine Gedanken zu verbergen.

Wenn Talleyrand dieses Wort gesagt hat, so hat er es doch nicht gemacht, und wenn Harel, einer der Mitarbeiter an der Zeitschrift „le Nain jaune" im Feuilleton des „Siècle" vom 24. August 1846 behauptete, das Wort sei von ihm wider besseres Wissen auf Talleyrand's Rechnung gesetzt und es als seine eigene Erfindung reklamirte, so that er auch Letzteres wider besseres Wissen; denn es konnte ihm als Verfasser eines „Éloge de Voltaire" nicht entgangen sein, daß Voltaire bereits in seinem 14. Dialog „Der Kapaun und das Masthuhn" den Kapaun sagen ließ: „Die Menschen bedienen sich des Gedankens nur, um ihre Ungerechtigkeiten zu begründen, und sie wenden die Worte nur an, um ihre Gedanken zu verbergen." Schon Oliver Goldsmith citirte das Wort Voltaire's in einer Nummer der Zeitschrift „The Bee," wie wir aus N. 22 der „Biographie

Goldsmith's" von Washington Irving sehen, der den englischen Schriftsteller irrtümlich für den Urheber hält. Jedoch ist das Wort älter als Talleyrand, Harel, Goldsmith und Voltaire. Dr. South hat: „Dies scheint die wahre innere Meinung aller unserer Politiker zu sein, daß die Sprache den gewöhnlichen Menschen gegeben wurde, ihre Gedanken mitzutheilen, den klugen Leuten aber, um sie zu verbergen." Doch schon in der alten Spruchsammlung des sogenannten Dionysius Cato lautet das 20. Distichon des 4. Buches:

Perspicito tecum tacitus quid quisque loquatur;
Sermo hominum mores et celat et indicat idem;
Ueberlege es schweigend bei Dir, was Jemand gesprochen;
Menschliche Rede verhüllt die Gesinnung, wie sie sie anzeigt;

nachdem längst zuvor Plutarch in seiner Abhandlung „über das Hören," K. 5, gesagt hatte: „Die Reden der Menge und die Disputationen der Sophisten bedienen sich der Worte als Umhüllungen der Gedanken."

Wie dem auch sei, man wird fortfahren, Talleyrand als Urheber unseres Wortes zu nennen; denn wie es in allen Ländern und zu allen Zeiten Personen gegeben hat, die, wie die Pasquinostatue in Rom, sich zu Trägern aller Witze anonymer Verfasser brauchen lassen mußten, so war auch Talleyrand ein Haubenstock für witzige Einfälle; er war daher auch sehr erstaunt, in den Hunderttagen als Erfinder der Redensart:

C'est le commencement de la fin
Das ist der Anfang vom Ende

begrüßt zu werden (siehe Fournier „l'Esprit dans l'histoire," 3. Aufl. S. 444). Und wie sollte er nicht erstaunt sein? Der Prologus in Shakespeare's „Sommernachtstraum," Akt 5, Sc. 1, hatte das Wort ja über zweihundert Jahre früher gesagt, und wie Shakespeare die tiefere Bildungsstufe der von ihm geschilderten Leute aus dem Volke oft dadurch andeutet, daß er sie Wörter und Satzglieder verwechseln läßt, so sagt auch hier der Handwerker, welcher den Prologus darstellt, statt: „Unsere Geschicklichkeit zeigen, ist das wahre Endziel unseres Beginnens,“ die Worte: „Das ist das wahre Beginnen unseres Endes“ (That is the true beginning of our end). In dem vom Dichter beabsichtigten Unsinn eines Clowns hat dann eine spätere Zeit, des Ursprungs des Wortes uneingedenk, spaßhafterweise ein pointirtes Witzwort eines französischen Diplomaten entdecken wollen.

Auch davon weiß das jetzt als oberste Autorität betrachtete französische Wörterbuch Littré's nichts, daß Talleyrand gesagt haben soll:

> Der Kaffee muß heiß wie die Hölle, schwarz wie der Teufel, süß wie die Liebe sein.

Nach Barrau, „histoire de la révolution,“ 2. Ausgabe, S. 134, wäre es der Abbé **Maury** gewesen, der, in einer Rede in der Constituante von lärmendem Lumpengesindel, das sich auf der Tribüne befand, unterbrochen, mit dem Ausruf: „Herr Präsident, gebieten Sie diesen Ohnehosen Schweigen (faites taire ces sansculottes)“ den stehenden Ausdruck:

sansculottes

geschaffen hätte. An glücklichen Ausdrücken war Maury ja reich. So wendete er sich einst, als wüthende Stimmen auf der Straße hinter ihm her „A la lanterne“ (An die Laterne) brüllten, kaltblütig um und rief: „Eh bien, en verrez-vous plus clair?“ (Werdet ihr deswegen heller blicken?)

Das oft und viel gesagte:

Sans phrase

Ohne Redensarten

ist eine Verkürzung des Ausspruchs: „La mort sans phrase,“ welchen bei der Abstimmung über die Art der Behandlung Ludwig's XVI. in der Konventsitzung vom 17. Januar 1793 **Siéyès** gethan haben soll, aber nicht gethan hat, wie aus dem „Moniteur“ vom 20. Januar 1793 hervorgeht. Man sieht leicht, wie diese auch von Siéyès selbst späterhin stets verleugnete Form entstanden sein kann. Sämmtliche Deputirte hatten in dieser Sitzung, bevor sie ihre Stimme abgaben, auf der Rednerbühne ihrem Votum einige rechtfertigende Worte hinzugefügt; als Er an die Reihe kam, beschränkte er sich darauf, einzig und allein sein Votum abzugeben, welches „der Tod" lautete. Es konnte nun die gesprächsweise Mittheilung, Siéyès habe „ohne Redensarten für den Tod" gestimmt, leicht dahin mißverstanden werden, daß er mit den Worten: „Tod ohne Redensarten" gestimmt habe.

Wie schön hatte dagegen sein:

Ils veulent être libres et ne savent pas être justes

Sie wollen frei sein, und sie verstehen nicht gerecht zu sein

gellungen! Leider aber hat es der Herr Abbé gesagt, als es sich um die Abschaffung des an die Geistlichkeit zu bezahlenden Zehnten, d. h. um seinen eigenen Geldbeutel handelte.

Auch soll Siéyès zuerst im Jahre 1793 das später (s. S. 212) von Napoleon III. aufgenommene Wort:

Natürliche Grenzen

auf den Rhein angewendet haben. (Ludwig Häusser. Deutsche Geschichte. 3. Aufl. B. 2, S. 19).

Ein anderes Wort und Wortspiel der Revolutionszeit gehört **Barère,** den man seiner Floskeln wegen „den Anakreon der Guillotine" nannte. Im Jahre 1794 sagte er im Konvent: „— — Wenn im vergangenen Jahre den englischen Soldaten der Pardon, um den sie kniefällig baten, verweigert worden wäre; wenn unsere Truppen sie sammt und sonders vernichtet hätten, anstatt zu erlauben, daß sie unsere Festungen durch ihre Nähe beunruhigen, so hätte die Englische Regierung ihren Angriff auf unsere Grenzen dieses Jahr nicht erneuert:

Nur die Todten kehren nicht zurück.

Il n'y a que le morts qui ne reviennent pas.

Einige Tage später wiederholte er den blutigen Calembourg, dessen Pointe in reviennent liegt, das „zurückkehren" und „spuken" heißt. (Siehe Macaulay: Bertrand Barère.)

Napoleon I. citirte das Wort auf St. Helena mit Bezug auf sich am 17. Juli und am 12. Dezember 1816. (O'Meara: Napoleon in exile.)

C'est plus qu'un crime, c'est une faute,

Das ist mehr als ein Verbrechen; das ist ein Fehler,

hat der Polizeiminister **Fouché** über die von ihm gemißbilligte Hinrichtung des Herzogs d'Enghien durch den Konsul Bonaparte gesagt.

Das ebenfalls Talleyrand zugeschriebene:

Ils n'ont rien appris ni rien oublié

Sie haben nichts gelernt und nichts vergessen

ist 1796 vom Chevalier **de Panat** in einem Briefe an Mallet du Pan zuerst angewendet worden. (Mémoires et Correspondance de Mallet du Pan, recueillis et mis en ordre par M. A. Sayous, T. II., p. 197.)

Dies Wort wurde zum zweiten Male auf die Bourbonen in der Proklamation angewendet, welche in den Hunderttagen die Generale, Offiziere und Soldaten der kaiserlichen Garde an die Armee erließen. (Siehe: Une année de la vie de l'empereur Napoléon. 3. Aufl. S. 124. Berlin. Haude und Spener. 1816.) Napoleon wiederholte es auf St. Helena am 23. August 1816 und am 24. August 1817 vor O'Meara.

Das Wort:

Du sublime au ridicule il n'y' a qu'un pas

Vom Erhabenen zum Lächerlichen ist nur ein Schritt

wendete **Napoleon I.** auf seiner Flucht aus Rußland im Gespräch mit seinem Gesandten de Pradt in Warschau nicht Einmal, sondern fünf- bis sechsmal an. Wie vorsichtig man auch de Pradt's mit giftgetränkter Feder geschriebenes Buch: „Histoire de l'ambassade dans le Grand-duché de Varsovie en 1812" (Berlin. Haude und Spener. 1816) zu lesen haben mag, so wird man doch an seiner Behauptung, daß den Kaiser die häufige Wiederholung derselben Worte oft erfindungsarm erscheinen ließ, nicht zweifeln dürfen, da das Buch selbst treffliche Beispiele solcher Wiederkehr derselben Wendungen bringt. „Wenn er," heißt es in der Vorrede „einen glücklichen Gedanken oder einen glücklichen Ausdruck gefunden hatte, so brachte er ihn wochenlang in seinen Gesprächen an, mit wem er auch reden mochte." Auch der Ausdruck „vom Erhabenen zum Lächerlichen ist nur ein Schritt" war für ihn ein solcher Fund, wie aus dem angeführten Buche hervorgeht.

Sollte Napoleon aber hier vielleicht nur das Verdienst beanspruchen dürfen, folgende Worte **Thomas Paine**'s in seinem „Age of reason," II, gegen Ende, in eine citirbarere Form zusammengefaßt zu haben: „Das Lächerliche und das Erhabene ist oft so nahe verwandt, daß es schwer wird, sie auseinander zu halten. Ein Schritt über das Erhabene macht das Lächerliche, und ein Schritt über das Lächerliche macht wiederum das Erhabene?"

Man kann bei der Erforschung des Entstehungsprozesses solcher Worte leicht über das Ziel schießen, wie Henry H. Breen in „Modern English Literature," der in dem Abschnitt „Plagiate" Tom Payne ohne Grund seinen Gedanken aus „Blair," und Diesen wiederum den seinigen aus „Longinus," III, im Anfange, schöpfen läßt, wo nur entfernt ähnliche Stellen zu lesen sind. Dazu fügt Breen alsdann nicht weniger als 44 Parallelstellen aus verschiedenen Literaturen, die einen äußerst schwachen Anklang an die Grundstelle haben, und dabei citirt er doch nicht einmal Wieland, der in den „Abderiten," B. 3, Kap. 12, sagt: „Die Dummheit hat ihr Sublimes so gut als der Verstand, und wer darin bis zum Absurden gehen kann, hat das Erhabene in dieser Art erreicht."

Auch ist es Napoleon oder vielmehr der General Bonaparte, der jugendliche Eroberer Italiens, der im Jahre 1797 auf eine Ansprache Talleyrand's im Palais du Luxembourg in seiner Antwort die Franzosen zum ersten Male:

la grande nation [47])
die große Nation

nannte. „Es ist Euch gelungen," sagte er zu den Direktoren, „die große Nation zu organisiren, deren Gebiet nur durch die Grenzen beschränkt ist, welche die Natur selbst gesetzt hat." (Laurent, „Geschichte des Kaisers Napoleon," K. 6.) Napoleon muß auch dieses Wort für einen Glücksfund gehalten haben, auf dessen Autorschaft er sich etwas wußte. Er wiederholte es oft. Als er am 23. September 1805 seinem Senat den Krieg gegen Oesterreich ankündigt, sagt er: „Die Nation ist gegen mich keine Verpflichtung eingegangen, der sie nicht entsprochen hätte. In dieser so bedeutungsvollen Lage wird sie fortfahren, den Namen der großen Nation zu verdienen" u. s. w.; und als er am 1. Oktober den Rhein überschreitet, ruft er den Truppen zu: „Ihr seid nur die Vorhut der großen Nation." (Häusser, „Deutsche Geschichte," 3. Aufl. Bd. 2, S. 575 und 576). Als in späterer Zeit auf seinem Zuge von Elba nach Paris sein Wagen zwischen Grenoble und Lyon von einer begeisterten und ihm zujauchzenden Menge begleitet wurde, rief er: „Ja, hier finde ich die Gesinnungen wieder, die mich vor 20 Jahren Frankreich als die große Nation begrüßen hießen. — Ja, ihr seid noch immer die große Nation, und ihr werdet es stets sein." Und schon in seiner Proklamation an die Einwohner des Departements der Isère hatte er sich so selbst citirt. (Une année de la vie de l'Empereur Napoléon par A. D. B. M...., lieutenant de grenadiers. 3te Ausgabe. Berlin. Haude und Spener. 1816. S. 142 und 143.) — Endlich hat Napoleon sogar noch auf St. Helena vor Las Cases, dem Verfasser des „Mémorial de Sainte Hélène" (siehe dasselbe unter 31. Oktober 1816) behauptet, daß er der Erfinder des Ausdrucks sei.

In demselben Tagebuche theilt Las Cases unter dem 18. April 1816 ein oft falsch citirtes Wort mit, das Napoleon ihm gegenüber ausgesprochen hat, und welches richtig so lautet:

Bei dem gegenwärtigen Zustand der Dinge kann ganz Europa binnen zehn Jahren kosakisch sein oder ganz republikanisch (toute en républiques.)

Nach Beitzke, „Deutsche Freiheitskriege," 3. Aufl. Th. 2, S. 427, schrieb Napoleon am 10. Oktober 1813, 10 Uhr Morgens, an den Herzog von Bassano in Wurzen: „Lassen Sie in Paris bekannt machen, daß wir

am Vorabend eines großen Ereignisses
à la veille d'un grand événement

stehen."

Wenn wir mitunter so glücklich gewesen sind, zu finden, daß ein populär gewordenes Wort wirklich gesagt, ja wiederholt gesagt worden ist, so müssen wir sogleich das berühmte Wort, welches der General **Cambronne** in der Schlacht bei Waterloo gesagt haben soll und über welches eine ganze Literatur existirt:

La garde meurt et ne se rend pas, [48])
Die Garde stirbt und ergiebt sich nicht,

schon deshalb bestreiten, weil es Cambronne selbst, der bekanntlich bei Waterloo erstens nicht starb und zweitens sich ergab, stets auf das Entschiedenste in Abrede gestellt hat. Trotzdem hat man die Statue, welche man Cambronne in seiner Geburtsstadt Nantes errichtet hat, mit dem bekannten Ausspruch geziert, den übrigens die Söhne des Generals Michel für ihren Vater in Anspruch genommen haben.

Trotzdem lassen sich die Urheber einiger geschichtlichen Bezeichnungen nachweisen. Man nennt das napoleonische Zwischenreich von 1815 allgemein:

Les Centjours,
Die Hunderttage,

obgleich sie über diesen Zeitraum hinausgingen. Die Schuld trägt der Seinepräfekt, der **Ludwig XVIII.**, der am 19. März aus Paris entschwunden war, bei seinem Wiedereinzuge am 8. Juli als schlechter Rechner in seiner Anrede 100 Tage aus Paris abwesend sein ließ. Derselbe Monarch nannte die ihm später durch politischen Fanatismus unbequem werdende zweite Kammer bald nach dem Einzuge in Dankbarkeit:

Chambre introuvable.

eine Kammer, wie sie sich so leicht nicht wiederfindet.

Der Hohn eignete sich aber den Ausdruck für jede Kammer an, die monarchischer sein will als der Monarch.

Ludwig XVIII. soll auch der Urheber des Ausspruches sein:

L'exactitude est la politesse des rois.

Pünktlichkeit ist die Höflichkeit der Könige.

Wie in Frankreich jede neue Aera mit einer phraseprogramme eingeleitet werden zu müssen scheint, so ließ man auch den **Grafen von Artois**, später **Karl X.**, in der „Restauration" im Moniteur mit einem Programm debütiren, dessen vulgäre Umgestaltung gewöhnlich:

Il n'y a rien de changé en France; il n'y a qu'un Français de plus

Es ist nichts in Frankreich geändert, es ist nur ein Franzose mehr vorhanden

lautet. Es klingt von vornherein etwas unwahrscheinlich, daß der Prinz, der das Wort, mit dem der revolutionaire Camille Desmoulins für die Hinrichtung seines Bruders, Ludwig's XVI., votirte: „Stirbt ein König, so ist darum nicht ein Mensch weniger vorhanden," sehr wohl kennen mußte, dieses Wort variirt habe. Der Graf von Artois hat es aber auch gar nicht gesagt, sondern es ist ihm untergeschoben worden, wie wir aus der „Revue contemporaine" vom 15. Februar 1854, S. 53, erfahren, wo **Beugnot**, der damalige interimistische und als solcher mit der Leitung der offiziellen Presse beauftragte Minister des Innern die folgende interessante Entstehungsgeschichte des Wortes giebt. Er hatte den Grafen von Artois am Tage seines Einzuges, dem 13. April 1814, erst gegen 11 Uhr Abends verlassen, um sich zu Herrn von Talleyrand zu begeben.

„Ich fand denselben,“ erzählt er, „mit den Herren Pasquier, Dupont de Nemours und Anglès im Gespräch über den Verlauf des Tages, den man einstimmig als vortrefflich anerkannte. Talleyrand erinnerte daran, daß nun auch ein Artikel im Moniteur nothwendig wäre, und Dupont bot sich an, ihn zu verfassen. ‘Nein,’ erwiderte Talleyrand, ‘er würde zu poetisch ausfallen. Ich kenne Sie. Beugnot ist der Mann dazu. Er kann gleich in’s Bibliothekzimmer gehen und schnell einen Artikel schreiben, den wir dann an Sauvo schicken.’ — Ich mache mich an die Arbeit, die erst nicht schwierig war. Als ich aber an die Antwort des Prinzen auf Talleyrand’s Anrede komme, stocke ich. Einige einem tiefen Gefühle entsprungene Worte machen durch den Ton, in dem sie gesagt werden, durch die Gegenwart der Dinge, durch die sie veranlaßt worden sind, Eindruck; handelt es sich aber darum, sie ohne diese Umgebung auf’s Papier zu bringen, so sind sie kalt, zum Unglück vielleicht lächerlich. Ich gehe also zu Talleyrand zurück und theile ihm meine Verlegenheit mit. ‘Nun,’ antwortete er, ‘was hat denn der Prinz gesagt?’ — ‘Nichts Erhebliches; er schien mir sehr bewegt, und vor allen Dingen bestrebt, seinen Zug fortzusetzen.’ ‘Nun, wenn Ihnen das, was er gesagt, nicht paßt, so machen Sie ihm eine Antwort.’ — ‘Eine Rede? die er nicht gehalten hat?’ — ‘Da ist doch keine Schwierigkeit. Machen Sie eine gute, zu der Person und zu dem Augenblick passende Rede, und ich bürge dafür, der Prinz heißt sie gut und wird nach zwei Tagen glauben, er hat sie gehalten. Er wird sie gehalten haben, und von Ihnen wird nicht weiter die Rede sein.’ — ‘Gut.’ — Ich gehe, versuche eine zweite Fassung und bringe sie zur Censur zurück. — ‘Das geht nicht,’ sagt Talleyrand, ‘der Prinz macht keine Antithesen und erlaubt sich nicht die geringste Redefloskel. Seien Sie kurz, einfach und sagen Sie etwas, was für die Redenden und Zuhörenden mehr paßt. Weiter nichts.’ — ‘Mir scheint,’ fiel Pasquier ein, ‘daß viele Gemüther von der Furcht vor den Veränderungen bewegt sind, welche die Rückkehr der bourbonischen Prinzen veranlassen muß; vielleicht müßte man diesen Punkt zart berühren.' — 'Sehr gut,' sagte Talleyrand. 'Das empfehle ich Ihnen auch.'

Ich versuche eine andere Redaktion, und werde zum zweiten Male abgewiesen, weil ich mich nicht kurz gefaßt habe und der Styl gekünstelt ist. Endlich gelingt mir folgende, welche im Moniteur abgedruckt ist und wo ich den Prinzen sage lasse: 'Kein Zwist mehr. Friede und Frankreich. Endlich sehe ich es wieder! und nichts ist darin geändert, außer daß ein Franzose mehr vorhanden ist' (et rien n'y est changé, si ce n'est qu'il s'y trouve un Français de plus). 'Dies Mal ergebe ich mich,' sagte endlich der große Tadler. 'Dies ist die Rede des Prinzen. Ich sage dafür gut, daß er sie gehalten hat. Sie können jetzt ruhig sein.'"

Den Sturz der bourbonischen Herrschaft kündigte ein prophetisches Wort **Salvandy's** an. Dieser, damals französischer Gesandter in Neapel, nahm an einem Balle Theil, den der Herzog von Orleans (Ludwig Philipp) am 5. Juni 1830 im Palais-Royal zu Ehren seines Schwagers, des in Paris anwesenden Königs von Neapel gab. Salvandy hat diesen Ball im „Livre de Cent-et-un," B. 1, beschrieben. „Als ich kurz darauf," erzählt er, „am Herzog von Orleans vorbeiging, dem man von allen Seiten Komplimente über die Pracht seines Festes machte, sagte ich jenes Wort zu ihm, welches die Zeitungen am folgenden Tage wiederholten: 'Das ist ein ganz neapolitanisches Fest, mein Prinz,

nous dansons sur un volcan.'"
wir tanzen auf einem Vulkan.'"

So prophezeihte er die Julirevolution, die kein

Sturm in einem Glase Wasser

war, welchen Ausdruck nach einer Andeutung Weber's im „Demokrit" **Linguet** (in den „Annales politiques"?) mit Bezug auf Unruhen in Genf (1781?) angewendet haben soll, und dessen Urbild bereits im Lateinischen sprichwörtlich war, wie aus Cicero, „de legibus," 3, 16: „Excitabat enim fluctus, in simpulo, ut dicitur, Gratidius," erhellt (obwol wir zur Beruhigung der gelehrten Herren hier hinzufügen müssen, daß fluctus nur eine Konjektur des Hier. Ferrarius für das handschriftliche fletus ist).

Der Herzog von Orleans, später **Ludwig Philipp** endigte seine erste Proklamation als General-Statthalter des Königreichs mit der Phrase:

La charte sera désormais une vérité.

Die Verfassung wird künftighin eine Wahrheit sein.

(Siehe den Moniteur vom 3. August 1830.)

In den früheren Ausgaben war, auf die Autorität Edouard Fournier's (l'Esprit dans l'histoire) hin, aufgenommen, daß

juste milieu

ein von Ludwig Philipp geschaffener Ausdruck sei; dies ist jedoch ein Irrtum, da Voltaire den Ausdruck bereits in einem Brief an den Grafen d'Argental vom 28. November 1765 gebraucht.

Aus der Zeit desselben Königs stammt das Wort:

L'ordre règne à Varsovie,

Die Ordnung herrscht in Warschau,

womit der französische Minister **Sebastiani** 1831 den französischen Abgeordneten die blutige Einnahme Warschau's anzeigte.

Als einige Tage vor der Einsetzung des Julikönigtums die Frage aufgeworfen wurde, ob der neue König den Namen „Philipp der Siebente" annehmen sollte, erklärte der 1864 verstorbene **Dupin der Aeltere** mit einer später bis zur Uebersättigung wiederholten und varirten, jedenfalls berühmt gewordenen Antithese: „Der Herzog von Orléans sei auf den Thron berufen worden, nicht

weil, sondern obgleich

non parce que, mais quoique

er ein Bourbon sei."

Auch die unschuldigsten Wörter erhalten mitunter eine

Art historischer Taufe. Warum sollte nicht oft zwischen irgend zwei Privatpersonen von einer

entente cordiale

herzlichem Einverständniß

vor dem Ende des Jahres 1843 die Rede gewesen sein? wo die Thronrede **Ludwig Philipp's** mit den genannten Worten das scheinfreundliche Verhältniß Englands zu Frankreich bezeichnete und so einen Ausdruck schuf, der bis jetzt zur Bezeichnung dieser Zwitterfreundschaft vorhält.

Louis Napoleon, als er noch nicht Kaiser war, leitete bereits als Prinzpräsident auf seiner Rundreise durch Frankreich bei einem Banquet, das ihm die Handelskammer von Bordeaux am 9. Oktober 1852 gab, das zweite Kaisertum durch die berühmte Phrase:

L'empire c'est la paix [49])

Das Kaiserreich ist der Friede

ein. Sie kam in der von ihm damals gehaltenen Rede in folgendem Zusammenhange vor:

> „Um das Wohl des Landes zu schaffen, bedarf es nicht neuer Systeme, sondern vor Allem: Vertrauen für die Gegenwart, Sicherheit für die Zukunft. Deshalb scheint Frankreich zum Kaisertum zurückzukehren. Nichtsdestoweniger giebt es eine Befürchtung, auf die ich antworten muß. Gewisse mißtrauische Personen sagen: Das Kaiserreich ist der Krieg. Ich sage: Das Kaiserreich ist der Friede."

Auch die zuerst in der 1802 erschienenen Broschüre **Camille Jordan's** „Vrai sens du vote national sur le consulat à vie," S. 46. enthaltene

Krönung des Gebäudes

ist erst durch den Mund Napoleon's III. zum Schlagwort geworden.

Mußten wir zuweilen fürstliche Personen ihres entlehnten Geistes entkleiden, so können wir dagegen den Kaiser **Nikolaus I.** als den Urheber des Vergleichs der Türkei mit einem todtkranken Manne, ja selbst den 20. Februar 1853 als den Tag angeben, wo dieser Vergleich von ihm in Petersburg im Gespräch mit Seymour, dem brittischen Gesandten, angewendet wurde. Wir thun dies auf Grund eines im Jahre 1854 im Englischen Parlamente vertheilten Blaubuchs, welches die vertrauliche Unterredung, die der Czar mit dem genannten Diplomaten in den Monaten Januar bis April 1853 hatte, zur Kunde bringt. Schon am 14. Januar hatte der Kaiser der Pforte als eines an Altersschwäche leidenden Kranken, der plötzlich unter den Händen sterben könnte, erwähnt. Seymour hatte über das Gespräch nach London an Lord Russell berichtet. Auf des Letzteren Rückäußerung, die Auflösung des Patienten würde doch vielleicht noch länger, vielleicht noch hundert Jahre dauern, sagte der Kaiser dann zum Gesandten am 20. Februar:

Ich wiederhole Ihnen, daß der Kranke im Sterben liegt.

Das letzte Wort wurde von der Tagespresse aufgenommen, und seitdem ist

die Türkei der kranke Mann.

Es ist ein russisches Wort; dagegen ist das lateinische:

Finis Poloniae!

Das Ende Polens!

welches **Kosczinsko** in der Schlacht bei Maciejowicze am 10. Oktober 1794 ausgerufen haben soll, gewiß nichts als eine wohlberechnete — russische Erfindung; denn in einem vom 12. November 1803 datirten Briefe an Ségur, der diesen Ruf in seine „Histoire des principaux événements du règne de Fréderic-Guillaume II“ aufgenommen hatte, leugnet der polnische Held denselben ab. Der Brief ist in Amédée Renée's Uebersetzung von Cesare Cantù's „Historia di centi anni,“ B. 1, S. 419, abgedruckt. Uebrigens antworteten die Polen auf den untergeschobenen Weheruf, den Karl von Holtei in der 4. Strophe seines Wechselgesanges im Singspiel: „Der alte Feldherr:“

Denkst Du daran, mein tapferer Lagienka,

verewigen hilft, mit dem Liede eines mir nicht bekannten Verfassers, der 1830 enstandenen Revolutionshymne:

Jeszcze Polska nie zginęła, etc.

dessen Uebersetzung:

Noch ist Polen nicht verloren

selbst für uns Deutsche ein bei Rettung aus Verlegenheiten angewendetes Alltagswort geworden ist.

Allgemein wird geglaubt, daß

Honny soit qui mal y pense,

Beschimpft sei der, welcher dabei etwas Böses denkt,

die Devise des brittischen Reiches und des Hosenbandordens, ein von **Eduard III.** von England erfundenes Wort sei; möge er es nun gesagt haben, als der schönen Gräfin von Salisbury beim Tanze das Knieband entfiel, und er es aufhob, um sich damit zu schmücken, oder als er in der Schlacht bei Crécy sein eigenes Knieband zum Heereszeichen machte; das Wort selbst ist vor ihm in Frankreich sprichwörtlich gewesen, wie in den „Acta sanctorum," Bd. 3, (unter dem 23. April) zu lesen.

Wie wir oben Napoleon I. als Wiederholer seiner Worte kennen gelernt haben, so hat **Friedrich der Große,**

der Philosoph von Sanssouci,

wie er sich in der ersten Sammlung seiner Werke („Oeuvres du Philosophe de Sanssouci. Au Donjon du château. Avec privilège d'Apollon") im Jahre 1750 selbst nannte,

der Salomon des Nordens,

wie ihn **Voltaire** zuerst in seiner „Ode an die Preußen bei der Thronbesteigung Friedrich's" und später unzählige Male in seiner Korrespondenz nannte, ein Wort sechsmal wiederholt. Nur waren die Napoleonischen Wiederholungen klingende Redensarten; das Wort Friedrich's des Großen ist ein Grundsatz eines edlen Fürsten. Wir meinen das berühmte Diktum:

Der Fürst ist der erste Diener des Staats,

das wir an dieser Stelle aufführen, weil es nie in seiner deutschen Form niedergeschrieben worden ist, sondern stets in französischer. So heißt es in Friedrich's „Mémoires de Brandebourg“ (T. 1, p. 123 der bei Decker erschienenen Ausgabe der Werke Friedrich's durch Professor Preuß):

> Un prince est le premier serviteur et le premier magistrat de l'État,

und es wiederholt sich in verschiedenen Wendungen, bei denen einmal das Wort domestique, einmal das Wort premier ministre gebraucht wird, an folgenden Stellen: T. 8, p. 65; T. 9, p. 197; T. 24, p. 109; T. 27, p. 297, und kommt außerdem in dem im Archiv liegenden eigenhändigen Testament politique des Königs vor. — Es bleibt unser Wort ein glänzendes Königswort, wenn wir auch gern bereit sind, es seinem Kern nach mit Hermann Hettner („Geschichte der deutschen Literatur im 18. Jahrhundert,“ Buch 2, S. 14) auf **Massillon** zurückzuführen. Hettner sagt daselbst: „Und erfahren wir zugleich, daß auch Massillon die Knaben- und Jünglingsjahre Friedrich's aufs tiefste beschäftigte, so ist es sicher kein übereilter Schluß, wenn wir für seine innere Bildungsgeschichte namentlich den berühmten und gewaltigen Fastenpredigten (Petit-Carême), welche Massillon auf Befehl des Regenten dem neunjährigen König Ludwig XV. hielt, einen sehr bedeutenden Einfluß zuschreiben. Wie mußte Friedrich's reines und auf künftige Größe sinnendes Herz von den glühendsten Idealen entflammt werden, wenn ihm jener größte französische Redner mit dem heiligen Ernst der tapfersten Ueberzeugungstreue zurief: „Sire, die Freiheit, welche die Fürsten ihren Völkern schuldig sind, ist die Freiheit der Gesetze; — — Sie sind nur des Gesetzes Diener und oberster Wächter (vous n'en êtes que le ministre et le premier dépositaire) u. s. w.“

Wie wir dieses Buch mit deutschem Stoffe begonnen haben, so schließen wir auch dasselbe damit.

Der auch jetzt noch nachgeahmte Parteiruf:

Hie Welf, hie Waiblingen,

soll zuerst 1140 in der Schlacht bei Weinsberg zwischen den Heeren König Konrad's III., des Hohenstaufen, und Welf's, des Oheim's Heinrich's des Löwen, vernommen worden sein. Waiblingen war der Name einer hohenstaufischen Burg, 3 Meilen von Stuttgart.

Als **Ludwig der Baier** die Schlacht bei Mühldorf am 28. September 1322 durch die treffliche Leitung seines Feldherrn, des Nürnbergers Seifried Schweppermann, gewonnen hatte, und nach der Schlacht frische Eier die einzige Erquickung waren, die man den Anführern reichen konnte, vertheilte sie Ludwig mit den Worten:

Jedem Ein Ei, dem frommen Schweppermann zwei,

was aber der Historiker Palacky für eine läppische Erfindung erklärt.

Ulrich von Hutten's Wahlspruch:

Ich hab's gewagt,

leitet uns leicht zu dem Worte seines Zeitgenossen **Luther** über, der am 17. April 1521 vor dem Reichstage zu Worms seine Antwort auf die Frage, ob er widerrufen wolle, mit den Worten geschlossen haben soll:

Hier stehe ich. Ich kann nicht anders. Gott helfe mir! Amen

Nach der ältesten Darstellung hat er nun freilich nur die im Sprachgebrauch der damaligen Zeit ganz gewöhnlichen Worte: Gott helfe mir, Amen! gesprochen.

Das Ansehen des Dalberg'schen Geschlechtes war so groß, daß bei jeder deutschen Kaiserkrönung der kaiserliche Herold rief:

Ist kein Dalberg da?

worauf der anwesende Dalberg vom neugekrönten Kaiser den Ritterschlag als erster Reichsritter empfing.

Aus einer Randresolution **Friedrich Wilhelm's I.** von Preußen stammt der

Rocher von Bronze.

Felsen von Erz.

Der König setzte bekanntlich die Besteuerung des Adels durch. Die Betroffenen boten Alles auf, um des Königs Entschluß zu ändern. Der General-Feldmarschall Graf Alexander Dohna stattete als Marschall der Stände Preußens über die neue Besteuerung einen Bericht ab, in welchem die Worte vorkamen: „Tout le pays sera ruiné" (Das ganze Land wird ruinirt werden). Der König fügte diesen Worten folgende französisch-lateinisch-polnisch-deutsche Randbemerkung bei: „Tout le pays sera ruiné? Nihil kredo, *) aber das Kredo, daß die Junkers ihre Autorität Nie pozwolam **) wird ruinirt werden. Ich stabilire die Souveränetät wie einen Rocher von Bronze."

Friedrich's des Großen:

In meinem Staate kann Jeder nach seiner façon selig werden,

ist ebenfalls kein gesprochenes, sondern ein geschriebenes Wort, welches aber weder in dieser Form, noch in dieser Orthographie geschrieben worden ist. Es berichteten nämlich bald nach dem Antritt seiner Regierung am 22. Junius 1740 der Staatsminister von Brand und der Konsistorial-Präsident von Reichenbach an den König, daß wegen der römisch-katholischen Soldatenkinder, besonders zu Berlin, römisch-katholische Schulen angelegt wären, die aber zu allerlei Inkonvenienzen, namentlich aber dazu Gelegenheit gegeben hätten, daß wider des Königs ausdrücklichen Befehl aus Protestanten römisch-katholische Glaubensgenossen gemacht wären. Dieses habe der Generalfiskal berichtet. Sie fragten nun an, ob die römisch-katholischen Schulen bleiben, oder welche andere Ant-

*) Nichts glaube ich.

**) „Ich erlaube nicht," die Worte, mit denen es jedem einzelnen Mitgliede des Polnischen Reichstages freistand, einen Beschluß zu verhindern.

wort sie dem Generalfiskal geben sollten. Der König schrieb an den Rand:

„Die Religionen Müsen alle Tolleriret werden und Mus der Fiscal nuhr das Auge darauf haben, das keine der andern abrug Tuhe, den hier mus ein jeder nach seiner Faßon Selich werden."

(Siehe Büsching, „Charakter Friedrich's II., Königs von Preußen.")

Ein anderes Wort des Königs:

Gazetten müssen nicht genirt werden,

ist uns in einem Briefe vom 5. Juni 1740 des Kabinetsministers Grafen Podewils an den Kriegsminister von Thulemeyer aufbewahrt. Graf Podewils theilt dem Letzteren darin den Willen des Königs mit, dem Redakteur der Berliner Zeitung unbeschränkte Freiheit zu lassen, in dem Artikel „Berlin" von Demjenigen, „was anitzo hier vorgeht," zu schreiben was er will, ohne daß er censirt werde. „Ich nahm mir zwar die Freiheit," fährt Podewils fort, „darauf zu regeriren, daß der ***sche Hof über dieses Sujet sehr pointilleux sei. Se. Majestät erwiderten aber, daß Gazetten wenn sie interessant sein sollten, nicht genirt werden müßten." (Siehe J. D. E. Preuß: „Friedrich der Große." Eine Lebensgeschichte. B. 3, S. 251.)

Das Friedrich dem Großen ferner beigelegte Wort:

Ich bin es müde, über Sklaven zu herrschen,

kann als ein solches nicht nachgewiesen werden; es beruht höchst wahrscheinlich auf folgender Stelle in Montesquieu's „Gespräch zwischen Sulla und Eukrates:" „Ich war nicht dazu geschaffen, ruhig über ein sklavisches Volk zu herrschen."

Zu den geschriebenen historischen Worten gehört ferner:

Ruhe ist die erste Bürgerpflicht, [50])

was in einem öffentlichen Anschlagszettel vorkam, den der Minister Graf **Schulenburg** nach der 1806 verlorenen Schlacht bei Jena an die Straßenecken Berlins heften ließ, und welcher lautete:

„Der König hat eine Bataille verloren. Die erste Bürgerpflicht ist Ruhe. Ich fordere hiezu alle Einwohner Berlins auf. Der König und seine Brüder leben."

Schulenburg.

Das Wort ist späterhin durch den gleichlautenden Titel eines bekannten Romans von Wilibald Alexis noch mehr popularisirt worden.

Das schöne Wort:

Lieber ein Ende mit Schrecken als ein Schrecken ohne Ende

rief **Schill** am 12. Mai 1809 der begeisterten Schaar, die ihm von Berlin aus nachgezogen war, auf dem Marktplatze von Arneburg an der Elbe zu. Haken in seinem „Ferdinand von Schill," B. 2, S. 88, setzt hinzu: „Dieser Ausdruck war seiner Vorstellung so geläufig, daß er sich desselben zum öfteren bediente." — Ist Schill nun der Erfinder dieses Worts? — Julius von Wickede verneint indirekt diese Frage in: „Ein deutsches Reiterleben," worin die Erinnerungen eines alten Husarenoffiziers mitgetheilt werden. Dieser will unser Wort zuerst aus dem Munde eines seiner Kameraden gehört haben, „und," so wird Th. II, Kap. 2 hinzugesetzt, „diese Worte sind zuletzt auch in den Mund des Majors von Schill übergegangen."

Der kernige Name „Schaar der Rache," welchen der Major **von Lützow** der von ihm gesammelten Freischaar gab, sank schon während der Freiheitskriege wegen der geringen Leistungen dieser Truppe in der Form

Korps der Rache

zu einem vom damaligen preußischen regulären Heere gegen die Lützower Jäger gebrauchten Spottwort hinab; heutzutage, des edlen Ursprungs des Wortes bereits ganz uneingedenk, bezeichnen wir jeden Haufen niedrigen Gesindels damit, und wir sind sehr geneigt, „Chor der Rache" zu schreiben, und diesen „Chor" in irgend einer italienischen Oper zu vermuten.

König **Friedrich Wilhelm III.** bestimmte als Devise des Landwehrkreuzes:

Mit Gott für König und Vaterland,

da er die von Stein vorgeschlagene Inschrift: „Wehrlos, ehrlos," zu wenig populär und für den gemeinen Mann nicht recht faßlich fand.

Im Jahre 1811 entstand in Wien ein Wort, dem man gewiß seinen ministeriellen Ursprung nicht ansieht. Es vertheidigte nämlich der Finanzminister Graf **Wallis** seine Verfügung, durch die er die Reduzirung der Bankozettel auf ein Fünftel ihres Nennwerths anordnete, im Ministerrath Metternich gegenüber unter andern mit den Worten:

Was gemacht werden kann, wird gemacht.

Auch den Kraftausdruck des Professors **Leo**:

Skrophuloses Gesindel

(nicht: skrophulöses) müssen wir, da er der journalistischen Thätigkeit des genannten Gelehrten angehört, hier unter die historischen Citate versetzen. Er befindet sich im Geschichtlichen Monatsbericht vom Juni 1853 im „Volksblatt für Stadt und Land," X, Nr. 61, in dem folgenden Satze:

> „Gott erlöse uns von der europäischen Völkerfäulniß und schenke uns einen frischen, fröhlichen Krieg, der Europa durchtobt, die Bevölkerung sichtet und das skrophulose Gesindel zertritt, was jetzt den Raum zu eng macht, um noch ein ordentliches Menschenleben in der Stickluft führen zu können."

Es ist übrigens

der frische, fröhliche Krieg

ein Lieblingsgedanke Leo's, und so steht noch einmal in seinem Geschichtlichen Monatsbericht von Februar und März („Volksblatt für Stadt und Land," 1859, Nr. 35):

> „Ein langer Friede häuft nach des Verfassers Argumentation eine Menge fauler Gährungsstoffe auf. Darum thut uns ein frischer, fröhlicher, die Nationen, namentlich

die die europäische Bildung tragenden Nationen, tiefer berührender Krieg bitter Noth u. s. w."

Aus Leo's Geschichtlichem Monatsbericht für Juni und Juli desselben Jahres (Nr. 69) stammt der bekannte Vergleich:

Napoleon III. ein Hecht im Karpfenteich.

Es heißt daselbst:

„Im Uebrigen müssen wir gestehen, daß wir allmälig auch an eine göttliche Mission des Kaisers Napoleon glauben. Wer große Fischhaltereien kennt, wird wissen, daß die Karpfen leicht Krankheiten preisgegeben sind, wenn sie gar zu faul im Wasser liegen. Da pflegt man dann nach Bedürfniß Hechte in den Karpfenteich zu setzen, um die Karpfen munter zu erhalten, — und da nun einmal Europa zu dem stillen Wasser eines Civilisationskarpfenteiches ausgebildet worden ist, und unser Herr Gott noch nicht Zeit zu haben scheint zum jüngsten Tage, hat er einstweilen einen Haupthecht in den Teich gesetzt. Gott erhalte ihn uns zur Gesundheit!"

Journalistischer Thätigkeit entspringt auch das

innere Düppel,

welches zum ersten Male, und zwar in der Form „Düppel im Innern" im Politischen Tagesbericht der **„Norddeutschen Allgemeinen Zeitung"** vom 30. September 1864 (229) zu lesen war.

Das berühmte Wort:

der beschränkte Unterthanenverstand,

ist in dieser Fassung nicht geschrieben, sondern von dem nie rastenden sprachschöpferischen Triebe des Volkes aus einem mehr denn 60 Wörter enthaltenden Satze unter erschwerenden Umständen herausgearbeitet worden.

Im Jahre 1837 hob der König von Hannover die Verfassung seines Landes auf. Sieben Göttinger Professoren protestirten dagegen, worunter auch ein Elbinger, Professor Albrecht, war. Aus ganz Deutschland erhielten diese Professoren beistimmende Adressen, und auch eine von Einwohnern

Elbings an ihren Landsmann, den Hofrath und Professor Albrecht, die von Prince Smith verfaßt war.

Der verstorbene Jakob van Riesen in Elbing hielt es für angemessen, dem damaligen Minister des Innern, **von Rochow**, eine Abschrift davon einzusenden, wonach folgende Antwort erfolgte, deren Original sich in der Elbinger Stadtbibliothek befindet:

„Ich gebe Ihnen auf die Eingabe vom 30. v. M., mit welcher Sie mir die von mehreren Bürgern Elbings unterzeichnete Adresse an den Hofrath und Professor Albrecht überreicht haben, hierdurch zu erkennen, daß mich dieselbe mit unwilligem Befremden erfüllt hat. Wenn ich auch annehmen will, daß es nur Gewissenszweifel gewesen sind, welche den Professor Albrecht bewogen haben, die ihm angesonnene Eidesleistung für unstatthaft zu halten, so bin ich doch so weit entfernt, die in der Erklärung des Albrecht und seiner Göttinger Amtsgenossen ausgesprochene Beurtheilung des Verfahrens Sr. Majestät des Königs von Hannover dadurch gerechtfertigt, oder auch nur entschuldigt zu finden, daß ich solche vielmehr für eine ebenso unbesonnene als tadelnswerthe und nach diesseitigen Landesgesetzen selbst strafbare Anmaßung halte.

Die Unterzeichner der Adresse an den Professor Albrecht laden daher mit Recht denselben Vorwurf auf sich, indem sie jene Erklärung billigen und loben und dadurch die Gründe derselben zu den ihrigen machen.

Es ziemt dem **Unterthanen**, seinem Könige und Landesherrn schuldigen Gehorsam zu leisten und sich bei Befolgung der an ihn ergehenden Befehle mit der Verantwortlichkeit zu beruhigen, welche die von Gott eingesetzte Obrigkeit dafür übernimmt: aber es ziemt ihm nicht, die Handlungen des Staatsoberhauptes **an den Maßstab seiner beschränkten Einsicht** anzulegen und sich in dünkelhaftem Uebermute ein öffentliches Urtheil über die Rechtmäßigkeit derselben anzumaßen.

Deshalb muß ich es eine recht bedauerliche Verirrung nennen, wenn die Unterzeichner der Adresse in dem Benehmen der Göttinger Professoren eine Vertheidigung der gesetzmäßigen Ordnung, einen Widerstand gegen die Willkür zu erkennen geglaubt haben, während sie darin ein ungeziemendes Uebernehmen hätten wahrnehmen sollen.

Eines noch beklagenswertheren Irrtums haben Sie aber sich schuldig gemacht, wenn Sie wähnen, daß solche Gesinnungen und Ansichten von allen guten Bürgern und loyalen Preußen getheilt werden würden. Dies ist, Gott lob! so wenig der Fall, daß ich mich überzeugt halten darf, selbst die große Mehrzahl werde Ihren Schritt ernstlich mißbilligen und es beklagen, daß durch die Irrtümer der unberufenen Urheber der Adresse die gute und patriotische Gesinnung der ganzen Stadt verdächtigt worden ist.

Ich überlasse Ihnen, diese meine Eröffnung den Unterzeichnern der Adresse bekannt zu machen.

Berlin, den 15. Januar 1838.

Der Minister des Innern und der Polizei.
von Rochow."

Man sieht, wie aus den Worten des dritten Absatzes des mitgetheilten Schriftstückes: „Es ziemt dem Unterthanen nicht, die Handlungen des Staatsoberhauptes an den Maßstab seiner beschränkten Einsicht anzulegen," auf dem ewigen Webestuhle der Sprachbildung unser berühmtes Wort gemacht worden ist. Aber unter erschwerenden Umständen ging dies vor sich, denn es durften die preußischen Blätter damals von Rochow's Antwort nicht mittheilen, obgleich sie durch einen der Mitunterzeichner der Adresse, den Kommissionsrath Härtel in Elbing, zuerst im Januar 1838 in der „Hamburger Börsenhalle" veröffentlicht wurde, von wo aus sie durch alle nichtpreußischen Blätter die Runde machte, während sie in Preußen nur abschriftlich durch Privatbriefe verbreitet wurde.

Ein gesprochenes historisches Wort ist das von König **Friedrich Wilhelm IV.** in der am 11. April 1847 vor dem Vereinigten Landtage gehaltenen Thronrede gesagte:

welches bereits in der Landtagssitzung vom 15. April der Freiherr von Vincke citirte. Die Stelle heißt:

„Möchte doch das Beispiel des Einen glücklichen Landes, dessen Verfassung die Jahrhunderte und eine Erbweisheit ohne Gleichen, aber kein Stück Papier gemacht haben, für uns unverloren sein und die Achtung finden, die es verdient.“

Ein so ausgezeichnet oratorisches Talent, wie das dieses Königs, war ganz für prägnante Worte geschaffen. Wir erinnern nur an das, womit er den jugendlichen Dichter Herwegh empfing:

Ich liebe eine gesinnungsvolle Opposition;

auch steckt die genannte Thronrede voll von schwungreichen wie zu Devisen gemachten Sätzen; doch mochte der belesene Fürst wohl wissen, daß, wenn er dem Landtage zurief:

Zwischen uns sei Wahrheit,

er die Worte citirte, welche Orest in Goethe's „Iphigenie,“ Akt 3, Sc. 1, an seine Schwester richtet.

In derselben Rede sagte der König auch: „Ich gedenke der Worte eines königlichen Freundes:

Vertrauen erweckt Vertrauen,“

und verschaffte so diesen Worten des Königs **Friedrich August II. von Sachsen** den weitesten Widerhall.

Das Wort:

Zwischen mich und mein Volk soll sich kein Blatt Papier drängen

wird Friedrich Wilhelm IV. nur in den Mund gelegt; er sagte vielmehr, wiederum in derselben Rede: „Es drängt mich zu der feierlichen Erklärung — — — daß ich nun und nimmermehr zugeben werde, daß sich zwischen unseren Herr Gott im Himmel und dieses Land ein beschriebenes Blatt gleichsam als eine zweite Vorsehung eindränge“...

Auch wenn in den Jahren nach 1847 bis jetzt das Wort:

Rechtsboden

ungemein häufig als ein historisch gefärbtes Wort angewendet wurde, so ist es auf diejenige Stelle derselben Thronrede zurückzuführen, an welcher der König den Landtag anruft, ihm zu helfen „den Boden des Rechts (den wahren Acker der Könige) immer mehr zu befestigen und zu befruchten.“ Es war wiederum Freiherr von Vincke, der in der Landtagssitzung vom 17. Mai durch das Citiren dieser Stelle ihr noch größeren Widerhall verschaffte.

Das weit verbreitete Wort

auf den breitesten Grundlagen

kommt zuerst in einer am 22. März 1848 einer Deputation der Städte Breslau und Liegnitz ertheilten Antwort vor, deren Beginn lautet: „Nachdem ich eine konstitutionelle Verfassung auf den breitesten Grundlagen verheißen habe . . .“ Das Wort wurde dann offiziell in dem königlichen Propositionsdekret vom 2. April an den Vereinigten Landtag wiederholt.

Dem Vereinigten Landtage von 1847 gehört auch das oft und immer falsch citirte Wort **David Hansemann's**:

In Geldsachen hört die Gemütlichkeit auf,

welches nach den stenographischen Aufzeichnungen in „Der erste Preußische Landtag in Berlin,“ 1847, 2. Abtheilung, 13. Heft, S. 1507 (Berlin bei Karl Reimarus):

Bei Geldfragen hört die Gemütlichkeit auf

lautet und am 8. Juni 1847 in einer Sitzung der vereinigten Kurien ausgesprochen wurde.

Vier Tage vorher in einer Sitzung der Kurie der drei Stände (siehe die soeben citirte Sammlung, 2. Abtheilung, 10. Heft, S. 1387) hatte der Abgeordnete **von Beckerath** ein sehr bekannt gewordenes und in verschiedentlicher Anwendung seitdem oft citirtes Wort ausgesprochen:

Meine Wiege stand am Webstuhl meines Vaters.

In der ersten Sitzung des Vereinigten Landtages von 1848, am 2. April sprach Graf **Arnim-Boytzenburg** in der Debatte über die Adresse an den Thron ein in verschiedenen Fassungen, z. B. in dieser:

Die Regierung muß der Bewegung stets um einen Schritt voraus sein,

oft citirtes Wort in folgendem Zusammenhange aus:

„Das Ministerium hat sich ferner gesagt, daß in einer Zeit, wie die seines Eintritts, es nicht rathsam sei, hinter den Erfahrungen der drei letzten Wochen und deren Ergebnissen in den übrigen deutschen Staaten zurückzubleiben, sondern daß es besser sei, den Ereignissen um einen Schritt voranzugehen, damit nicht erst durch einzelne Konzessionen Einzelnes gegeben und immer wieder von dem Strom der Zeit überflutet werde, sondern damit das, was gewährt werden könne, auf einmal gegeben, Geltung und Dauer gewinne."

Auch aus der deutschen konstituirenden Nationalversammlung, dem deutschen Parlament, sind einige Worte tief in's Volk gedrungen, wie der in der 23. Sitzung am 24. Juni 1848 vom Präsidenten **von Gagern** angewendete

Kühne Griff,

der in folgendem Zusammenhange vorkommt:

„Wer soll die Centralgewalt schaffen? Meine Herren, ich habe diese Frage von dem Standpunkt des Rechtes und von dem Standpunkt der Zweckmäßigkeit vielfach beurtheilen hören; ich würde bedauern, wenn es als ein Prinzip gälte, daß die Regierungen in dieser Sache gar nichts sollten zu sagen haben; aber vom Standpunkte der Zweckmäßigkeit ist meine Ansicht bei weiterer Ueberlegung wesentlich eine andere, als die der Majorität im Ausschuß ... Meine Herren! Ich thue einen kühnen Griff und ich sage Ihnen: wir müssen die provisorische Centralgewalt selbst schaffen." (Lang anhaltender, stürmischer Jubelruf.)

Auch entstand der Ausdruck:

Bassermann'sche Gestalten,

welchen sich die deutsche Sprache zur Bezeichnung eines zerlumpten Galgenvogels für immer einverleiben zu wollen scheint, auf Grund folgendes im Frankfurter Parlament vom Abgeordneten **Bassermann** erstatteten Berichts über Berliner Zustände in der Sitzung vom 18. November 1848:

> „Spät kam ich (in Berlin) an, durchwanderte aber noch die Straßen und muß gestehen, daß mich die Bevölkerung, welche ich auf denselben, namentlich in der Nähe des Sitzungslokals der Stände, erblickte, erschreckte. Ich sah hier Gestalten die Straße bevölkern, die ich nicht schildern will."

Als es sich am 21. April 1849, in der Sitzung der Zweiten Preußischen Kammer, um Anerkennung der von der Frankfurter Nationalversammlung vollendeten Verfassung durch Preußen handelte, schloß der Ministerpräsident Graf **Brandenburg** eine im Namen der Regierung abgegebene ablehnende Erklärung mit einer allgemeinen Betrachtung über die Stellung des Gouvernements zur öffentlichen Meinung in folgender Weise:

> „Es ist hier vielfach die Rede von der öffentlichen Meinung gewesen. Ich erkenne diese Macht an in vollem Maße; sie erstreckt sich über die ganze bewohnte Erde; sie besteht, so lange die Geschlechter der Menschen leben. Ich erkenne sie aber an in der Art, wie das Schiffsvolk die Macht der Elemente auf hoher See anerkennt, indem es sich nicht den Winden und den Strömungen hingiebt und auf diese Weise herrenlos auf der See treibt — denn auf diese Weise wird das Schiff nie den rettenden Port erreichen, der Rettungsanker nie einen festen und sicheren Grund finden.
>
> Niemals! Niemals! Niemals!"

Die letzten drei Worte, welche das Motiv zu der eigentümlichen Handbewegung der auf dem Leipziger Platze in Berlin errichteten Statue geliehen haben sollen, im deutschen Munde zu einem allgemeinen Citate geworden, sind trotzdem nicht neu, sondern erstens im Jahre 1777 vom **älteren Pitt** im Englischen Parlament in einer Rede gegen die Verwendung der Indianer im Amerikanischen Kriege gebraucht worden, wo er ausrief:

> „Wäre ich ein Amerikaner, wie ich ein Engländer bin, nie würde ich meine Waffen niederlegen, so lange noch ein feindliches Truppenkorps in meiner Heimat an's Land stiege. Niemals! Niemals! Niemals!"

und zweitens schon sogar in fünfmaliger Wiederholung in der Schlußscene „König Lear's" zu lesen.

Am 5. Dezember 1867 hat schließlich der Staatsminister Rouher bei Erörterung der italienischen Frage den gesetzgebenden Körper durch diese Worte in stürmische Bewegung versetzt.

Der Minister des Auswärtigen, Freiherr **von Manteuffel**, äußerte in der 8. Sitzung der Preußischen Zweiten Kammer vom 3. Dezember 1850 das zum Citat gewordene Wort:

Der Starke weicht einen Schritt zurück,

in diesem Zusammenhange:

> „Das Mißlingen eines Planes hat immer etwas Schmerzliches; es wirkt aber verschieden auf den Schwachen. Der Schwache gelangt dadurch in eine Gereiztheit; der Starke tritt wohl einen Schritt zurück, behält aber das Ziel fest im Auge und sieht, auf welchem anderen Wege er es erreichen kann."

Derselbe Minister hat unsere Sprache am 8. Januar 1851 in der 8. Sitzung der Ersten Kammer mit den

Revolutionairen in Schlafrock und Pantoffeln

bereichert. Er sagte dort in Erwiderung auf Angriffe Camphausen's bei Gelegenheit der Adreßdebatte:

> „Ich weiß sehr wohl, daß man über die hessische Angelegenheit heute verschiedene Ansichten hat, und ich bin nicht der Meinung, daß diese Frage zu einer Erörterung in dieser Versammlung führen dürfe. Als thatsächlich ist mir bekannt, daß die Einen meinen, es handle sich um die größten Willkürlichkeiten Seitens der Regierung, während die Anderen der Meinung sind, es liege eine sehr

gefährliche Revolution, eine Beamtenrevolution vor. (Unruhe und Heiterkeit.) Ja, meine Herren, ich erkenne eine solche Revolution für sehr gefährlich, gerade weil man sich dabei in Schlafrock und Pantoffeln betheiligen kann, während der Barrikadenkämpfer wenigstens den Muth haben muß, seine Person zu exponiren."

Irrtümlich wird jedoch auf denselben Minister das

schätzbare Material

zurückgeführt. Dieses Wort gehört vielmehr dem Fürsten **Schwarzenberg**, der am 15. Mai 1851 beim Schluß der Dresdener Ministerkonferenzen eine Ansprache hielt, in der es unter Anderem hieß:

„Endlich liegen uns schätzbare Materialien vor, welche von den aus unserer Mitte gewählten Kommissionen mit tiefer Sachkenntniß, mit gründlichem Fleiß und dankenswerther Ausdauer zu Tage gefördert worden sind, und welche, wenn sie gehörig benutzt werden, zur zweckmäßigen Ausbildung und Verbesserung der Bundesverfassung, somit zur Erstarkung und zur Wohlfahrt des Bundes wesentlich beitragen können."

(S. Berliner Konstitutionelle Zeitung vom 17. Juni 1851, Morgenausgabe.) Dieselbe Zeitung führt das Wort bereits am 26. Juni 1851 in der Abendausgabe zwischen Gänsefüßchen, also als sofort gangbar gewordenen Ausdruck an.

Das schöne Fürstenwort des Königs **Max II. von Baiern**:

Ich will Frieden haben mit meinem Volke,

ist wiederum eine Verkürzung einer längeren Satzperiode.

Nach der Entlassung des Ministeriums von der Pfordten hatten die Gemeindebevollmächtigten der Stadt Würzburg die Absicht, einen liberalen Mann, mit dem die Regierung bisher im Kampfe gelegen hatte, den königlichen Professor an der Universität Würzburg und Appellationsgerichtsrath Dr. Weis (jetzt Ministerialrath im Justizministerium) zum rechtskundigen Bürgermeister zu wählen. Der Staatsminister von Neumayr berichtete darüber an den König und erhielt darauf folgende, in Nr. 137 der „Neuen Münchener Zeitung“ von 1859 abgedruckte Entscheidung des Monarchen zur Antwort:

> „Den politischen Kampf gegen Dr. Weis in irgend welcher Form fortzuführen, halte ich für durchaus nicht mehr geeignet; Ich will Frieden haben mit Meinem Volke und den Kammern, deshalb habe Ich das Ministerium gewechselt und es ist in Folge dessen auch die Weis'sche Frage in das Stadium des Vergessens von Meiner Seite eingetreten. Von diesem Gesichtspunkte aus widerstrebt es zwar Meinem Gefühle, den Dr. Weis zu befördern; Ich werde aber der Sache ihren jetzigen naturgemäßen Lauf lassen und habe nicht das Geringste dagegen, wenn derselbe zum Bürgermeister von Würzburg gewählt wird, werde ihn vielmehr ohne Anstand nach den bestehenden gesetzlichen Normen in dieser Eigenschaft bestätigen.“

Wenn im Anfange des Jahres 1865 durch öffentliche Zeitungen geflissentlich die Notiz in Umlauf gesetzt wurde, daß Herr von der Pfordten der eigentliche Urheber dieser Worte sei und daß der König sie nur adoptirt habe, so ist das bis jetzt eine ganz wertlose Behauptung, da ihr jegliche quellen- und aktenmäßige Gewähr fehlt.

Ein anderes Fürstenwort gehört dem Prinz-Regenten von Preußen, jetzigem Könige **Wilhelm I.**, der am 8. November 1858 eine Ansprache an das am 5ten desselben Monats von ihm gebildete Ministerium hielt, in welcher die seitdem so oft wiederholten

moralischen Eroberungen

in folgendem Zusammenhange vorkamen (siehe Nationalzeitung vom 25. November 1858, Abendausgabe):

> „In Deutschland muß Preußen moralische Eroberungen machen, durch eine weise Gesetzgebung bei sich, durch Hebung aller sittlichen Elemente und durch Ergreifung von Einigungselementen, wie der Zollverband es ist, der indeß einer Reform wird unterworfen werden müssen.

> Die Welt muß wissen, daß Preußen überall das Recht zu schützen bereit ist u. s. w."

Als König kam er am 30. August 1866 auf diese Worte beim Empfange einer Deputation aus Hannover zurück. Er soll sich nach der „Hannoverschen Tagespost" folgendermaßen geäußert haben:

> „Bereits bei dem Eintreten in meine jetzige Stellung habe Ich es ausgesprochen, daß Meine zum Heile Preußens und Deutschlands gehegten Absichten dahin gerichtet seien, keine anderen als moralische Eroberungen zur Ausführung zu bringen; es ist dies Wort vielfach belächelt, bespöttelt, ja gehöhnt worden, und doch ertheile Ich Ihnen noch heute die feste Versicherung, daß meine Pläne nie darüber hinaus gegangen sind, und daß — wenn Ich als siebzigjähriger Mann zu anderen Eroberungen übergehe — Ich dies nur thue, gezwungen durch die Macht der Verhältnisse, durch die unablässigen Anfeindungen Meiner angeblichen Bundesgenossen und durch die Pflicht gegen das Meiner Führung anvertraute Preußen."

Es freut mich sehr, im Stande zu sein, die in der letzten Auflage gestellte Frage nach dem Ursprunge des herrlichen, zur Bezeichnung des preußischen Volkes gebrauchten Wortes:

das Volk in Waffen,

diesmal vollständig beantworten zu können. **Herrman Neumann**, gegenwärtig Garnison-Verwaltungs-Oberinspektor in Neisse, darf stolz darauf sein, der Schöpfer dieses Wortes zu sein. Als Lieutenant in Düsseldorf dichtete er einen Cyklus patriotischer Balladen, der unter dem Titel „Erz und Marmor" 1837 zu Wesel bei Becker erschien. Darin beginnt die „An Preußens Heer" gerichtete „Weihe" mit folgenden Versen:

> Gegrüßet Preußen, Männer sonder Wanken,
> Du Volk in Waffen, du Spartanerheer.

Das Wort hat seit jener Zeit seinen Weg gemacht und

sich einen feststehenden Platz in der deutschen Sprache erobert; den weitesten Widerhall verschaffte demselben seine Anwendung durch König Wilhelm, der in der Thronrede, womit er am 1. Januar 1860 den Landtag eröffnete, also sprach:

„Es ist nicht die Absicht, mit dem Vermächtniß einer großen Zeit zu brechen. Das preußische Volk wird auch in Zukunft das preußische Volk in Waffen sein."

Seitdem ist es unzählige Male wiederholt worden, und es haben die Schweizer und die Franzosen sich in öffentlichen Versammlungen „das Volk in Waffen" genannt.

Der populär gewordene Ausdruck:

Angenehme Temperatur

ist aus dem Munde des Kriegsministers **von Roon**, welcher in der Sitzung des preußischen Herrenhauses am 23. Januar 1862 die Einbringung des Gesetzentwurfes wegen Abänderung des Gesetzes über die Verpflichtung zum Kriegsdienst vom 3. September 1814, mit folgenden Worten begleitete:

> „Ich habe über die Bedeutung dieses Gesetzentwurfes mich an diesem Orte eigentlich nicht näher auszusprechen; sein Zusammenhang mit der Organisation des königlichen Heeres ist unverkennbar, und da ich bereits zweimal Gelegenheit gehabt habe, die angenehme Temperatur, welche in diesem Hause in Betreff jener großen Maßregel herrscht, zu fühlen, so wäre es eine Art von Undankbarkeit, wenn ich die Herren mit einer weitläuftigen Auseinandersetzung der Nothwendigkeit und Nützlichkeit des fraglichen Gesetzentwurfes ermüden wollte."

Das berühmte

Eisen und Blut

sagte der Ministerpräsident **von Bismarck**, nachdem Mosen's: „Blut und Eisen machen frei," ohne irgendwie zur Wiederholung des Worts einzuladen, bereits vor 30 Jahren gesagt worden war, in einer Abendsitzung der Budgetkommission des Preußischen Abgeordnetenhauses, den 30. September 1862 als private Aeußerung ungefähr in folgender Verbindung:

(Siehe „Nationalzeitung" vom 1. Oktober 1862. Leitartikel der Abendzeitung)

> „Die deutschen Zustände und Verfassungsverhältnisse zu verbessern ist wünschenswerth und nothwendig, was jedoch nicht durch Majoritätsbeschlüsse, Reden u. s. w., sondern nur durch Eisen und Blut bewirkt werden kann."

Ja dieselbe Sitzung brachte aus demselben Munde ein zweites Schlagwort. Wir meinen nicht die Behauptung, die der Minister selbst für parador erklärte, daß das preußische Volk zu gebildet sei, um rasch zu einem ordentlichen Verfassungsleben kommen zu können; aber er setzte hinzu:

> „Gerade in Deutschland sind die Schwierigkeiten, dahin zu kommen, sehr groß; es giebt zu viele Leute, welche die Maßregeln der Regierung begreifen und kritisiren können, zu viele, die sich zu Abgeordneten eignen, zu viele
>
> catilinarische Existenzen."

Auch die Definition des

Zeitungsschreibers, als eines Menschen, der seinen Beruf verfehlt hat,

gehört ihm.

Den Ausdruck:

Macht geht vor Recht, *)

hat jedoch Graf von Bismarck nicht gethan. Es verhält sich damit so. Am 27. Januar 1863 erwiderte im Abgeordnetenhause auf eine Rede des gedachten Ministerpräsidenten Graf **von Schwerin** unter Anderem:

> „.... Deshalb aber erkläre ich hier, daß ich den Satz, in dem die Rede des Herrn Ministerpräsidenten kulminirte: 'Macht geht vor Recht' .... nicht für einen Satz halte, der die Dynastie in Preußen auf die Dauer stützen kann ...., daß dieser Satz vielmehr umgekehrt lautet:
>
> Recht geht vor Macht. u. s. w."

---

*) Dio Cassius, 61, 1. Faust, Th. II, Akt 5, Scene im Palast: „Man hat Gewalt; so hat man Recht."

Der Ministerpräsident, der während dieser Rede seines Gegners nicht anwesend gewesen war und erst später, wieder in den Saal eingetreten, vernommen hatte, daß man ihm den Ausspruch: „Macht geht vor Recht" untergelegt habe, verwahrte sich dagegen, worauf Graf von Schwerin erwiderte, er erinnere sich nicht gesagt zu haben, der Ministerpräsident hätte diese Worte gebraucht, sondern nur, daß dessen Rede in diesem Satze kulminire. Am 1. Februar 1868 hob der Ministerpräsident im Hause der Abgeordneten nochmals hervor, daß er nie gesagt habe: „Macht geht vor Recht."

Der Ausdruck:

Autorität, nicht Majorität

ist die Zusammenfassung folgender Betrachtungen, die **Stahl** am 10. April 1850 in der 11. Sitzung des Volkshauses des Erfurter Parlaments anstellte:

> „Wie können vollends die Anhänger jenes Systems mit solcher Zuversicht jetzt vor uns hintreten, nach den Erfahrungen von 1848? Standen sie da der entfesselten Bewegung nicht ebenso gegenüber wie jener Zauberlehrling den Gewässern, welche er heraufbeschworen hatte und nicht mehr zu bannen vermochte? Sie hatten den Spruch vergessen sie zu bannen, oder vielmehr dieser Spruch stand nicht in ihrem Lexikon: denn dieser Spruch heißt 'Autorität.' Da wollen sie die Gewässer besprechen mit einem Zauberspruche ihres Systems: Majorität, Majorität!"

Es liegt übrigens in der Natur der Sache, daß hier nur die Form des Gedankens, keineswegs der Gedanke neu ist. Denn daß es nicht auf die maiora, sondern auf die saniora (nicht auf das Mehr, sondern auf das Gesündere) ankommt, steht bereits in Wieland's „Geschichte der Abderiten," B. 5, K. 4, und wem wäre der Vers aus Schiller's „Demetrius:"

Man soll die Stimmen wägen und nicht zählen, *)

unbekannt?

---

*) Siehe des jüngeren Plinius B. 2, Ep. 12.

Als Stahl am 12. Dezember 1852 bei einem ihm zu Ehren im Englischen Hause zu Berlin, Mohrenstraße 49, gegebenen Festmahle von Gesinnungsgenossen eine silberne Säule empfing, die auf der einen Seite die Inschrift: „Zur Erinnerung an den 5. März 1852 *) von gleichgesinnten Männern des Regierungsbezirks Cöslin," auf der anderen Seite aber „Autorität, nicht Majorität" trug, wies er in der Erwiderungsrede selbst darauf hin, daß er diesem Grundsatze seines Lebens zum ersten Male in jenem Parlamente Ausdruck gegeben habe. Im weiteren Verlaufe seiner Erwiderung wendete er auch das berufene Wort: „Die Wissenschaft bedarf der Umkehr" an, was gewöhnlich in der Form:

Die Wissenschaft muß umkehren

citirt wird. (Siehe über beide Aussprüche die „Neue Preußische Zeitung" Nr. 291 vom 15. Dezember 1852.)

Noch haben wir des Fürsten von Reuß-Lobenstein-Ebersdorf, **Heinrich's LXXII.**, zu gedenken, welcher durch einen seiner wunderlichen Erlasse der deutschen Sprache den Ausdruck:

auf einem Prinzip herumreiten

zugeführt hat. Dieser Erlaß, der nebst mehreren anderen, noch wunderlicheren ursprünglich im „Adorfer Wochenblatt" stand, wurde vom „Halleschen Courier" nachgedruckt und ging aus letzterem sammt seinen wunderlichen Brüdern in die „Vossische Zeitung" vom 18. September 1845 über. Er lautet:

„Ich befehle hiermit Folgendes in's Ordrebuch und in die Spezial-Ordrebücher zu bringen. Seit 20 Jahren reite Ich auf einem Prinzip herum, d. h. Ich verlange, daß ein Jeglicher bei seinem Titel genannt wird. Dies geschieht stets nicht. Ich will also hiermit ausnahmsweise eine Geldstrafe von 1 Thaler festsetzen, der in

*) Er hatte an diesem Tage in der Ersten Kammer eine Rede gehalten, welche die Aristokratie verherrlichte.

Meinem Dienste ist, und einen Andern, der in Meinem Dienste ist, nicht bei seinem Titel oder Charge nennt."

Schloß Ebersdorf, den 12. Oktober 1844.

Heinrich LXXII.

Auch auf dem Gebiete der historischen Citate entwickeln sich Worte, deren Anwendung lokal bleibt. Hiervon folgendes Beispiel: In der Schlacht am Speierbache am 14. November 1703 im spanischen Erbfolgekriege waren die deutschen Truppen, unter ihnen die von ihrem Erbprinzen geführten Hessen-Kasseler, gänzlich geschlagen worden. Am 13. August 1704 verloren dagegen die Franzosen die Schlacht bei Höchstedt (Blenheim). Als ihr Feldherr, der Marschall Tallard, gefangen vor den Erbprinzen geführt wurde, rief ihm dieser entgegen: „Ah, Monsieur le maréchal, vous êtes le très-bien venu; voilà de la revanche pour Speierbach." Und

Revanche für Speierbach,

im übrigen Deutschland so gut wie unbekannt, ist noch heute ein Sprichwort, welches überall im Hessenlande gang und gäbe ist.

Hinter den Fürsten und Staatslenkern, die wir in diesem Abschnitte als schöpferische Gestalter allgemein gewordener Worte aufgeführt haben, begehrt zuletzt ein obskurer Kandidat der Theologie sein bescheidenes Plätzchen. Wir lesen nämlich in einem Aufsatze „Ungewöhnliche Charaktere" in den „Neuen Preußischen Provinzialblättern," herausgegeben von A. Hagen, B. VI, S. 228, von einem 1836 in Königsberg gestorbenen alten, überstudirten Kandidaten und Hospitaliten Johann Wilhelm Fischer. Seine seltsame armselige Gestalt zog ihm, der nicht wenig auf den Straßen lag, erst die allgemeine Aufmerksamkeit und bald den allgemeinen Anruf:

Guten Morgen, Herr Fischer,

zu, der ihn so verdroß, daß er dagegen in wunderlichster Weise wiederholt bei der Polizei und endlich selbst vor dem

Königlichen Throne um Abhülfe bat. (Siehe den „Königsberger Freimütigen“ vom 4. Februar 1852, Nr. 29.) Seltsam ist es, daß dieser Ruf zu München jährlich in der Zeit der Sankt Salvatorbierperiode von lärmenden Haufen nach einer gewissen eintönigen Melodie abgeschrieen wird. Die Redensart war längst im Gebrauch, als der Bearbeiter des Lustspiels: „Bonjour, Monsieur Pantalon“ (das wiederum eine Bearbeitung des englischen Lustspiels: „Twice killed“ von Oxenford ist) mit ihr den französischen Titel zu übersetzen für gut fand.

Und so übergebe ich denn die fünfte Auflage meines Büchleins dem Publikum, dessen Gunst mir kaum Zeit zur Erfüllung der von mir selbst als unabweislich anerkannten Pflicht gelassen hat, die Quellen namentlich der historischen Citate noch genauer anzugeben, als es geschehen, und schließe mit den Worten Goethe's:

Ich weiß zu wohl, noch bleibt es unvollendet,
Wenn es auch gleich geendigt scheinen möchte.

Travestieen.

1. (Seite 7) Unter Laffen die einzig fühlende Brust.

2. (Seite 7) Wo man raucht, da kannst Du ruhig harren,
Böse Menschen haben nie Cigarren.

3. (Seite 12) Timo! Timo! Siehdatheus!
Die Ibyche des Kranikus!

4. (Seite 14) Drum prüfe, wer sich ewig bindet,
Ob sich das nöth'ge Geld auch findet.

5. (Seite 14) Gefährlich ist es, Leim zu lecken,
Verderblich ist ein hohler Zahn;
Jedoch der schrecklichste der Schrecken
Das ist der Mensch, ist er im Thran.

6. (Seite 14) Ehret die Frauen; sie flechten und weben
Zöpfe und Strümpfe für's irdische Leben.

7. (Seite 24) In seinem Nichts durchbohrenden Gefühle.

8. (Seite 25) Strange firecracker!
(übersetzte ein Engländer nach dem Wörterbuch, worin er für „Schwärmer" cracker fand, welches den bekannten Feuerwerkskörper bedeutet.)

9. (Seite 26) Es giebt im Augenblicke Menschenleben.

10. (Seite 27) Denn wer den Bestien seiner Zeit genug gethan,
Der hat gelebt für alle Zeiten.

11. (Seite 31) Johanna geht und nimmer fegt sie wieder.
(Beim Abgange eines Dienstmädchens.)

12. (Seite 31) Mit dem Volke soll der Dichter gehen.
Also les' ich meinen Schiller heut.
(Freiligrath: „Guten Morgen.")

---

13. (Seite 31) Wie wird mich? Leichte Wolken heben mir;
Kurz ist der Schmerz und ewig das Plaisir.

---

14. (Seite 32) Das Leben ist der Güter höchstes nicht,
Der Uebel größtes aber sind — die Schulden.

---

15. (Seite 38)
(Uhland in seinem Gedichte „Wanderung" sagt:)
Dem Lande bleib ich ferne,
Wo die Orangen glüh'n;
Erst kennt' ich jenes gerne,
Wo die Kartoffeln blüh'n.

---

16. (Seite 40) Du sprichst ein großes Wort sehr ungelassen aus.

---

17. (Seite 46) Muß es auch solche Käuze geben?

---

18. (Seite 53) Wo Du nicht bist, Herr Organist,
Da schweigen alle Flöten.

---

19. (Seite 56) Mein erst Gefühl sei preuß'sch Courant.

---

20. (Seite 56) Entbehre, was Dir Gott beschieden,
Genieße gern, was Du nicht hast.

---

21. (Seite 57) Lebe, wie Du, wenn Du stirbst,
Wünsche wohl gespeist zu haben.

---

22. (Seite 60) Ein Mädchen aus alten Zeiten
Das will mir nicht aus dem Sinn.

---

23. (Seite 65) Zwei Seelen und kein Gedanke,
Zwei Herzen und kein Schlag.

---

24. (Seite 67)
(Namentlich Herwegh war sehr unzufrieden mit dem Ausspruch Freiligraths und dichtete gegen ihn das Gedicht: „Die Partei," worin die Schlußverse lauten:)

Ich hab' gewählt, ich habe mich entschieden,
Und meinen Lorbeer flechte die Partei!

25. (Seite 77) Mein Hüon, mein Gatte,
Im Schlafrock mit Watte!

---

26. (Seite 77) Reich? Mir die Hand, mein Leben!

---

27. (Seite 87) Des Lebens Unverstand mit Wermut zu genießen
Ist Tugend und Begriff.

---

28. (Seite 120)
(Als Ueberschrift einer Kaltwasser-Heilanstalt übersetzte es Jemand, da ἄριστον auch Frühmahl heißt:)
Zum Frühstück giebt's Wasser.

---

29. (Seite 133)
(Als die Sängerin Catalani zu spät auf der Bühne erschien, rief Jemand aus:)
Quousque tandem, Catalani?
Wie lange noch, Catalani?

---

30. (Seite 133) O tempores, o mora!

---

31. (Seite 138) Blamatus ille.

---

32. (Seite 139)
(Jemand übersetzte
Die Rebus sind jetzt Mode; einige sind recht fein.

---

33. (Seite 149)
(Owen, „Epigramme," B. 2, 77, erweitert das Wort so:)
Sic, inquit, petitur coelum? sic itur ad astra?
Ascendens furcam fur Labienus ait.
So kommt der Mensch in den Himmel? Und so steigt man auf zu den Sternen?
Rief Labienus, der Dieb, als er den Galgen bestieg.

---

34. (Seite 151) Principibus obsta!
Den Fürsten widerstehe!

35.)Seite 153) Varinas delectat.
Varinas erfreut.

36. (Seite 159) Canis a non canendo.

Canis, der Hund, kommt von canere, singen (weil der Hund nicht singt).

37. (Seite 160) Cedo nulli neben einer Statue des Deus Terminus war Erasmus von Rotterdam's Devise.

38. (Seite 166) Pericles in Morea.

39. (Seite 168) Solamen miserum, socios habuisse malorum.

40. (Seite 177) Wenn Dich die bösen Buben locken, so gehe mit.

41. (Seite 180) Quidquid agis, prudenter agas et respice — funem.

Was Du auch thust, thu' es schlau und bedenke — den Galgen.

Holberg, Epigramm, 3, 52.

42. (Seite 182) Schafe in Wolfskleidern.

43. (Seite 182) Klug wie die Gänse und ohne Falsch wie die Schlangen.

44. (Seite 188) Nehmen ist seliger denn Geben.

45. (Seite 189) Prüfet das Beste und behaltet Alles.

(Jemand schickte einem Buchhändler eine Sendung Novitäten mit der Bemerkung zurück: „Ich habe Alles geprüft und das Beste behalten, nämlich — mein Geld.")

46. (Seite 189) Behalte, was Du hast, und nimm, was Du kriegen kannst.

47. (Seite 212) La grrrrrande nation.

48. (Seite 213) La garde ch., et ne se rend pas.

49. (Seite 218) L'empire c'est l'épée.

50. (Seite 224) Ruhe ist der beste Koch. Hunger ist die erste Bürgerpflicht.

(Von Aerzten angewendet.)

Namen-Register.

(Die in dieser Auflage dem Register neu eingefügten Namen sind mit * bezeichnet.)

Citaten-Register.

(Die in dieser Auflage neu hinzugekommenen Citate sind mit einem *, die anders als in den früheren Auflagen bearbeiteten mit einem † bezeichnet.)

---

1. Deutsche Citate.

Seite

Seite

2. Französische Citate.

Seite

3. Englische Citate.

4. Italienische Citate.

5. Griechische Citate.

6. Lateinische Citate.

Seite

durchweg eine vorzügliche genannt werden muss, und die Ausstattung des Buches ist eine so elegante, dass wir schon jetzt darauf aufmerksam machen wollen, als auf ein höchst geschmackvolles Weihnacht-geschenk für alle Freunde und Freundinnen der englischen Poesie, die uns mehr als irgend eine andere anheimelt und in der wir Zartheit und Kraft, Begeisterung und gesunden Verstand so schön und innig verschmolzen finden, wie nur in den besten Erzeugnissen unserer eigenen.

Berliner Montags-Post vom 17 Oktober 1864: An Blumenlesen aus der englischen Poesie herrscht kein Mangel; zu den sorgfältigst redigirten möchte jedoch eine uns vorliegende Sammlung englischer und nordamerikanischer Gedichte gehören, die Prof. Thomas Solly, Lektor an der hiesigen Universität, veranstaltet hat. Sie nennt sich „A Coronal of English Verse" und enthält auf 312 Seiten eine Elite der kleineren lyrischen Werke Englands. Da die Verlagshandlung bei der Ausstattung nicht gespart, sondern Papier, Druck und Einband dem Muster der besten Londoner Ausgaben nachgebildet hat, **dürfte sich der zierliche Almanach zu einem gewählteren Geschenk für Töchter gebildeter Familien eignen.** Auch der Herausgeber, einer unserer gesuchtesten Lehrer, scheint bei der Wahl der Gedichte von diesem Gesichtspunkte ausgegangen zu sein.

National-Zeitung vom 28. Oktober 1864: Eine kostbar ausgestattete Blüthenlese aus englischen und amerikanischen Dichtern; der Name des Herausgebers bürgt für die gute und treffliche Auswahl. Neben den modernen englischen Dichtern begegnen uns auch die ältern: Pope, Gay, Young, Goldsmith; von den Amerikanern sind vorzüglich Longfellow, Bryant, Poe vertreten. Bei der Neigung und dem Anklang, den die englische Lyrik bei uns in weiten Kreisen findet, wird dieser hübschen Sammlung ein dankbares Publikum nicht fehlen, **sie empfiehlt sich zumeist für die Frauenwelt als ein gefälliges Geschenk.**

Die Norddeutschen

Börsen-Papiere.

Ausführlicher Commentar

zu allen

an der Berliner Börse

Cours habenden

in- und ausländischen Staats- und Prämien-Anleihen, Pfand- und Renten-Briefen, Bank-, Industrie- und Eisenbahn-Effecten,

von

A. Saling,

Redakteur der „Berliner Börsenzeitung."

30 Bog. auf Schreib-Velin, in Taschenformat geb. 2 Thlr.

Zum Gebrauch für Verwaltungs-Bureaux, Banquiers, Kapitalisten, Handlungsbeflissene etc.

Enthaltend: Einleitende Erklärungen für Laien, die wichtigsten **gesetzlichen, statutarischen und vertragsmässigen Bestimmungen,** sowie die **finanziellen und Rentabilitäts-Verhältnisse** der einzelnen Papiere, alle Daten über **Couponszahlung, Verloosung und Rückzahlung,** die **Verloosungspläne** der Lotterie Anleihen, sowie **Usancen, Courserklärung und Berechnung** (auch der auswärtigen Course) jedes einzelnen Papiers, **bei den Oesterreichischen mit Berücksichtigung der beabsichtigten Aenderungen.**

Druck von Trowitzsch und Sohn in Berlin.